KRÄUTER

KRÄUTER

Gärten · Küche · Dekors

Emelie Tolley
Chris Mead

DuMont Buchverlag Köln

Für meine Mutter, von der ich den grünen Daumen geerbt habe..., und für meinen Vater, dessen Sinn für Gestaltung mich inspiriert hat.

C. P. M.

Für meine Mutter, die mich die Freude am Gärtnern, am guten Essen und vor allem die Freude am Leben gelehrt hat. Und für Chris, der alles möglich gemacht hat.

E. T.

CIP-Kurztitelaufnahme der Deutschen Bibliothek

Tolley, Emelie:
Kräuter: Gärten, Küche, Dekors / Text: Emelie
Tolley. Fotos: Chris Mead. [Aus d. Amerikan. von
Annette Roellenbleck]. – Dt. Erstveröff. –
Köln: DuMont, 1987.
  ISBN: 3-7701-2100-7
NE: Mead, Chris:
Einheitssacht.:
Herbs ‹dt.›

Aus dem Amerikanischen von Annette Roellenbleck
© Text 1985 by Emelie Tolley
© Fotos 1985 by Chris Mead
Alle Rechte vorbehalten

© 1987 der deutschen Ausgabe: DuMont Buchverlag Köln
Originalausgabe unter dem Titel »Herbs« publiziert von Clarkson N. Potter, Inc.
225 Park Avenue South, New York, N.Y. 10003

Gestaltung: Justine Strasberg in Zusammenarbeit mit Betsy Perlman
Satz der deutschen Ausgabe: Fa. Froitzheim, Bonn
Printed in Japan   ISBN 3-7701-2100-7

Foto- und Copyright-Nachweis
Seite 4   Foto und © Georges Lévêque-France
Seiten 56—59   Foto: Fran Brennan, © 1985 by Houston Home & Garden Magazine
Seite 127 (Rosenkorb)   Foto: Diane Gershuny, © Maria Price/Willow Oak Flower/Herb Farm
Seite 217 (Château du Domaine St. Martin)   © A. Brunet, Château du Domaine St. Martin
Gartenpläne auf den Seiten 31, 34, 57, 61, 63, 65, 73, 82 und 87   Lori Hoffer
Vorsatzpapier   Beverly Branch
Alle übrigen Fotos stammen von Chris Mead

Rezept-Nachweis
Seite 188   (Pizza mit Pancetta)   aus: »Cooking with Herbs« von Susan Belsinger und Carolyn Dille; © Belsinger/Dille mit Erlaubnis der Van Nostrand Reinhold Company, Inc.
Seite 227   (Pfirsichplätzchen)   aus: »Grandma Rose's Book of Sinfully Delicious Cakes, Cookies, Pies, Cheese Cakes, Cake Rolls and Pastries« von Rose Naftalin; © Naftalin mit Erlaubnis von Random House Inc.

DANK

Die Idee zu diesem Buch entstand aus dem Wunsch, unsere Freude am Umgang mit Kräutern mit anderen zu teilen.

Allen Freunden, die uns ihre Zeit und ihre Kenntnisse so großzügig zur Verfügung gestellt und somit dieses Buch ermöglicht haben, sagen wir Dank.

Besonderen Dank indes schulden wir Charles Cashion, der uns zu Nancy Kahan gebracht hat, die uns ermutigte, und Mary Emmerling und Joe Ruggiero, die uns am Beginn hilfreich zur Seite standen. Wir danken Mary Cronin für die Zeit und Mühe, die sie für die Organisation unserer Besuche in englischen Gärten aufgewendet hat; Doreen und Jackie Mead für die langen Stunden, in denen sie uns mit nie ermüdender Herzlichkeit und Humor durch England kutschiert haben, und Fred Mead, der klaglos alleine fertiggeworden ist; Edward und Margy Dines für ihre hilfreichen Nachforschungen über englische Gärten; Elsa und Alan Page, die uns gastliche Aufnahme verschafft haben; Jacqueline Horscher-Thomas für die unzähligen Telefongespräche und die unermüdliche Hilfe in Frankreich.

Unser weiterer Dank gilt Myra Oram, die viele der Rezepte in diesem Buch ausprobiert hat und immer mit ihrer Hilfe zur Stelle war; Susan Crispin, Myra Saffery und Peter Oram für ihre unerschütterliche Unterstützung; allen Leuten in den Vereinigten Staaten, in England und in Frankreich, die uns so freundlich in ihren Gärten willkommengeheißen haben, die uns zu sich eingeladen und uns von ihren Erfahrungen mit Kräutern mitgeteilt haben; Betty Dash, die Chris' Garten getreulich gegossen hat, während wir unterwegs waren.

Wir danken Betty Lincoln, Richard Sutter und Donald Wise, die an »Living with Herbs« gearbeitet haben, dem Mitteilungsblatt, das die Anregung für dieses Buch gewesen ist, und Judy Rand, die eine Publikationsmöglichkeit als Buch früher gesehen hat als irgend jemand anders.

Pam Satran danken wir für ihre Hilfe beim Formulieren; Tina Strasberg und Betsy Perlman für die einfühlsame künstlerische Betreuung, die die Idee von »Kräuter« so vollkommen zu realisieren erlaubte.

Unser Dank gilt darüber hinaus den Mitarbeitern des Verlags Clarkson N. Potter, Inc., die so viel von ihrer Zeit und ihrer Begabung aufgewendet haben, um aus unseren Gedanken ein Buch werden zu lassen: Carol Southern; Michael Fragnito und Lynne Arany, die sorgsam Planung und Ausführung überwachten; Gael Dillon, die entschlossen war, daß dieses Buch schön werden sollte; Robin Feldman, der irgendwie alles im Auge behalten hat; und vor allem Nancy Novogrod, unserer Verlegerin, für ihre Ermutigung und Tatkraft und ihr beständiges Bemühen, aus »Kräuter« das bestmögliche Buch zu machen.

E. T. und C. P. M.

INHALT

Einführung

*K*räuter — voller Duft und Aroma, mit farbenprächtigen Blüten — sind die nützlichsten Pflanzen im Garten. Die Süße von Baldrian, der an Kiefern erinnernde Duft von Rosmarin, die Frische von Lavendel — alle wirken belebend und anregend. Der pikante Thymian, das würzige Basilikum oder der säuerlich-herbe Geschmack von Sauerampfer verleihen unseren Speisen ein besonderes Aroma. Silbrigglänzende Artemisie — eine Beifuß-Varietät —, blaugrüne Weinraute, dunkelgrüne Petersilie, die zottigen roten Blüten der Pferdeminze oder das fröhliche Orange der Ringelblumen — sie alle neben-einander gepflanzt sind eine wahre Augenweide.

Königskerzen (links) schmiegen sich an ein schmiedeeisernes Tor. In Scotney Castle in Kent ist ein Kräutergarten in einem Rasenrund angelegt (oben links).

Ein von Simon Verity gemeißelter Frosch (daneben), der sich in Barnsley House in Gloucestershire unter dem Blütenschaum von Frauenmantel versteckt.

1

Links: Ein Blick durch einen Rosenbogen auf einen Garten im Kolonialstil. Unten: Stufen aus Eisenbahnschwellen werden zu einem Teil des Gartens, wenn kriechender Thymian zwischen die Schwellen gepflanzt wird.
Blühende Schafgarbe (rechts) verleiht dem Kräutergarten der National Cathedral in Washington einen kräftigen Farbakzent.

Dieses Buch ist den Kräutern gewidmet, die in vielen Bereichen unseres Lebens eine wichtige Rolle spielen; die besten Ideen über Anbau und Verwendung von Kräutern wurden hier gesammelt. Chris und ich fingen an, Kräuter zu ziehen, weil wir frische Küchenkräuter gern direkt aus unserem Garten holen wollten. Je mehr wir über Kräuter lernten, um so mehr beschäftigten sie uns. Bald begannen wir, Pflanzen sowohl ihres Duftes und ihres Geschmacks als auch ihrer Farbe wegen anzubauen. Wir banden sie in bäuerliche Sträuße und steckten sie in Kränze aus Weinlaub; ich versuchte sogar, Kräutermischungen und Badezusätze herzustellen. Unsere Gärten versorgten uns mit frischer Minze, um ein Lamm zu würzen, mit silbriger Artemesie und Eberraute, um einen Strauß zu binden, und mit Lavendel, um einen Schrank mit lieblichem Duft zu erfüllen.

Ob man in einem winzigen Appartement in der Stadt lebt oder einen Landsitz bewohnt, man kann immer Kräuter selbst ziehen: in einem einfachen Garten, in dem Kräuter und Blumen durcheinanderwachsen, in einem Kräutergarten traditioneller Art mit stilvoll angelegten Beeten oder aber in Töpfen.

Der erste Teil dieses Buches, ›Kräutergärten‹, soll zeigen, welchen Standort und welche Erde man braucht, wie man Kräuter aus Samen und Sämlingen zieht und wie man einen Garten plant und bepflanzt. Er gibt Ratschläge, wie man die allgemein bekannten Kräuter zieht und mit welchen Mitteln man Blumenkästen oder eine Stadt-Terrasse bepflanzen kann. Auch einige der außergewöhnlichsten Kräutergärten der Welt werden beschrieben: ein Garten im Schatten eines Klosters im Westen Englands; ein Landschaftsgarten im Süden Frankreichs, voll mit Lavendel und Rosmarin; ein üppiger, frei gestalteter Garten am Meer in Massachusetts; ein ›Shakespeare-Garten‹ im klassischen Elisabethanischen Stil und der *potager* von Château Villandry in Frankreich.

Wenn Sie erst einmal ihre Kräuter gezogen haben, dann können Sie im zweiten Teil des Buches ›Kräuterdekor‹ erfahren, wie sie auf alte und neue Weise zu verwenden sind. Wir informieren Sie darüber, wann und wie Sie die Kräuter am besten ernten und trocknen. Wir geben Ihnen Anweisungen, wie Sie eine duftende Kräutermischung zusammenstellen, die — wie im Volksmund behauptet wird — Gedanken der Liebe wecken soll; Sie finden Vorschläge von Experten, wie man Kräuterkränze flicht, wie Sie sich Schritt für Schritt aus einer gewöhnlichen Pflanze ein dekoratives Hochstämmchen ziehen und wie Sie Kräuter in vielfältiger Weise zu Weihnachtsdekorationen verwenden können.

Der dritte Teil, ›Kräuterküche‹, gibt Anleitungen, wie Sie frische Kräuter verwenden und im Winter am besten konservieren können. Darin finden Sie auch Kräuterrezepte verschiedenster Art, angefangen von den pikanten fritierten Salbeiblättern, die zu Cocktails geknabbert werden, über ein mit frischen Thymianblüten gewürztes Lamm bis hin zu köstlichen Kräuterplätzchen und Sorbets. Außerdem finden Sie Tips und Anweisungen zur Herstellung besonderer Gerichte von einigen der erfindungsreichsten Köche in den Vereinigten Staaten und Europa.

Während unserer Reisen für dieses Buch haben wir immer wieder neue Möglichkeiten entdeckt, Kräuter zu verwenden. Wir haben gesehen, wie ihre Farben, Formen und Strukturen in üppigen englischen Rabatten wirkungsvoll mit Blumen kombiniert werden. Da wir aus einem kalten Teil Amerikas kommen, waren wir völlig überrascht zu sehen, daß Rosmarin im warmen Kalifornien wild wächst; wir waren begeistert von den Lavendelfeldern in Südfrankreich und von dem mit Kräutern gewürzten Fisch *en papillote*, den wir auf der in Kerzenlicht getauchten Terrasse des Château du Domaine Saint-Martin mit Wonne verzehrten; und wir waren hingerissen von dem vollendet einfachen, herrlichen Salat, der zu einem Mittagessen in der Provence gehörte. Im Salon des englischen Landhauses von Lady Caroline Somerset haben wir einen Strauß mit blauem Rittersporn, graugrünem Wollziest und gelbgrünem Frauenmantel gesehen, der von da an unsere eigenen Arrangements mit Kräutern und Blumen beeinflußt hat — ein Beweis dafür, daß selbst der einfachste Gebrauch von Kräutern zu neuen Ideen anregen kann.

Wir hoffen, daß dieses Buch auch Ihnen Anregungen für einen neuen Umgang mit Kräutern geben wird und daß Sie inspiriert werden, die Ideen, die Sie in diesem Buch finden, nach Ihren eigenen Vorstellungen zu variieren. Wenn wir das erreichen sollten, dann haben sich unsere Reisen gelohnt.

Kräutergärten

*S*elbst der kleinste Kräutergarten kann an einem warmen Sommertag bezaubern: Sie können zusehen, wie die Bienen Nektar aus blaßblauen Thymianblüten saugen, Sie können den Duft von Minze und Lavendel einatmen und den Tautropfen bewundern, der wie ein Diamant auf dem Blatt eines Frauenmantels liegt.

Der Anfänger beginnt seine gärtnerische Arbeit am besten mit dem Anbau von Kräutern. Selbst wenn Sie meinen, Sie hätten keinen ›grünen Daumen‹ — wenn der Ertrag Ihrer früheren Gärten nur von Käfern zerfressene Tomatenpflanzen und verwelkte Blumen waren —, sollten Sie dennoch das

Zwei Varietäten von Thymian (links) bilden einen bodendeckenden Teppich zwischen der seitlichen Rabatte und dem offenen Beet in der Mitte eines englischen Gartens. Mehr Thymian (oben links) bedeckt den Sitz einer Gartenbank. Ein antiker chinesischer Bottich (daneben) in einem Garten in Connecticut ist von Kapuzinerkresse und Minze umgeben.

Gärtnern nicht aufgeben, bevor Sie das
Anziehen von Kräutern versucht haben.
Sie brauchen keine besondere Pflege,
wenn das Gartenbeet einmal vorbereitet
ist, und sie widerstehen Krankheiten und
Schädlingen, die empfindlichere Pflanzen
zerstören können. Viele Kräuter wachsen
schnell und belohnen Ihre Mühe in
kürzester Zeit mit einer üppigen Vielfalt
an Grüntönen und zarten, aber
farbenprächtigen Blüten.

  Kräutergärten sind so verschieden wie
die Eigenarten und Interessen ihrer

*Ein antiker Messerschärfer (oben links) steht als Skulptur in einem Kräuter-
garten. Lavendel (oben rechts) faßt einen Backsteinweg ein.*

Gärtner. Es gibt Gärten im traditionellen Stil und freie Landschaftsgärten; vereinfachte Knotengärten mit symmetrischen Beeten, wie sie im 16. Jahrhundert üblich waren, und bezaubernde Küchengärten mit Kräutern, Gemüsen und Blumen; Kräuter in der Rabatte eines Blumengartens, im Steingarten oder in Töpfen.

Links: Eine üppige Bepflanzung, wunderbare Farben und die Verwendung geometrischer Formen tragen zur Schönheit eines Gartens in Massachusetts bei. Eine viel größere Wirkung wird erzielt, wenn statt einzelner Pflanzen verschiedener Varietäten viele Pflanzen einer Varietät gesetzt werden, insbesondere wenn sie nach Farbe und Laub sorgfältig zusammengestellt sind, wie zum Beispiel der gelbe Frauenmantel, die rosa Schafgarbe und die sanft grüne Eberraute (oben links). Rosen (oben rechts) hängen über einen weißen Lattenzaun.

Die Unterpflanzung eines Baumes mit Fenchel, Rosen und Veilchen (links) ist ungewöhnlich und attraktiv zugleich.

Mit Holz und Backsteinen eingefaßte und mit Holzspänen ausgelegte Wege sind charakteristisch für die persönliche Gestaltung eines traditionellen Gartens in der Stillridge-Kräuterfarm in Maryland (oben).

Frauenmantel wächst am Fuße eines Gartentors (rechts).

GARTENPLANUNG

Bevor Sie mit der Gartenplanung beginnen, überlegen Sie ganz realistisch, wieviel Zeit Sie für Ihren Garten aufwenden wollen. Wenn Ihnen Gartenarbeit keinen Spaß macht (obgleich Kräuter Ihre Einstellung zum Garten verändern könnten), wenn Sie sich über das Jäten von Unkraut ärgern (selbst zwischen lieblich duftenden Kräutern), wenn es Ihnen keine Freude bereitet, Pflanzen zu beschneiden und Obst zu ernten, oder wenn Sie niemals vorher im Garten gearbeitet haben, dann legen Sie sich am besten keinen großen Garten an. Entscheiden Sie sich lieber für ein Fleckchen mit Küchenkräutern hinter Ihrem Haus, pflanzen Sie ein paar Kräuter in ein schon vorhandenes Beet, ziehen Sie sich einen Miniatur-Kräutergarten in einem Holzfaß oder stellen Sie einige Tontöpfe auf Ihr Fensterbrett, die Sie mit Kräutern für den täglichen Gebrauch bepflanzen. Keine dieser Möglichkeiten wird Ihre Geduld überstrapazieren, und da die meisten Kräuter wenig Platz beanspruchen, werden Sie erstaunt sein, wie viele Pflanzen Sie ziehen können. Wenn Ihnen die Ergebnisse, die Sie in Ihrem kleinen Garten erzielen, Freude bereiten, dann können Sie immer noch einen größeren Garten für das kommende Jahr planen.

Die beste Lage für den Kräutergarten

Ob klein ob groß, ein Kräutergarten sollte immer in der Sonne liegen. Die meisten Kräuter entwickeln sich am besten, wenn Sie mindestens fünf oder sechs Stunden am Tag Sonne haben. Ein Stückchen ebene Erde oder ein kleiner Abhang, der sich der Sonne zuneigt, sind ideale Plätze. Die wenigen Schatten liebenden Pflanzen wie Myrrhe und Waldmeister können in den Schatten großer Bäume oder an schattige Plätze des Gartens gepflanzt werden. Wenn an Ihrem Wohnort kalte Winde blasen, dann sollten Sie einen Platz in Ihrem Garten finden, der den Pflanzen Schutz bietet.

Wenn Sie in der glücklichen Lage sind, zwei oder drei geeignete Plätze zu haben, dann gestalten Sie jeden anders: Legen Sie sich einen Garten mit Küchenkräutern in der Nähe der Küche an, in dem Sie schnell ein paar Blättchen zupfen können, um damit einen Salat oder eine Suppe zu würzen; pflanzen Sie ein Beet mit duftenden Kräutern in die Nähe eines Fensters oder einer Terrasse, wo Sie die süßen Düfte genießen können; oder gestalten Sie einen dekorativen Garten mit farbig blühenden Kräutern an einem Platz, der von einem Fenster Ihres Hauses aus gut sichtbar ist.

Der Entwurf des Gartens

Nachdem Sie entschieden haben, wieviel Zeit und Raum Sie einem Kräutergarten widmen wollen, müssen Sie den passenden Stil finden. Soll es eine lose Gruppierung von üppig ineinanderwachsenden Kräutern sein, oder wollen Sie lieber einen streng gestalteten Garten, in dem kleine Pflanzen mit geometrischer Präzision angeordnet sind? Sie werden bei den folgenden Gärten beobachten, daß die Größe des Gartens keine Rolle spielt: Der kleinste Garten kann eine ganz strenge, der größte eine ganz freie Form haben. Eine Rabatte kann entweder aus einer üppigen Fülle von Farben und Strukturen bestehen oder ein streng gestaltetes Arrangement darstellen.

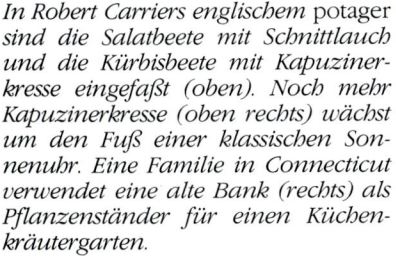

Wenn Sie sich erst einmal entschieden haben, welchen Stil Sie bevorzugen, dann fertigen Sie am besten eine Zeichnung Ihres Gartens an. Messen Sie sorgfältig den Raum aus, wo Sie Ihren Kräutergarten anpflanzen wollen, und zeichnen Sie ihn dann auf Millimeterpapier. Wenn Sie eine größere Fläche bepflanzen wollen, dann unterteilen Sie diese zunächst in kleinere Beete, die durch Fußwege getrennt werden. Die Beete sollten immer eine geometrische Form haben und in einem streng gestalteten Garten symmetrisch angeordnet werden. In einem frei gestalteten Garten können Sie auch ohne strenges Prinzip angeordnet sein. Sie sollten die Beete nicht breiter als 1—1,50 m planen, damit sie von allen Seiten zugänglich sind und Sie problemlos jäten und ernten können.

Die Fußwege, die dazu beitragen, daß Sie an feuchten Tagen keine nassen Füße bekommen, machen gleichzeitig die Proportionen Ihres Gartens deutlich. Und wenn Sie Ihren Garten an einem Hang oder auf zwei oder drei verschiedenen Ebenen anlegen, brauchen Sie unbedingt Stufen.

Nun müssen Sie sich auch entscheiden, ob Sie einen Zaun, eine Mauer oder eine Hecke haben wollen, um zarte Pflanzen vor strengen Winden zu schützen, hohen Pflanzen und Wein als Stütze zu dienen und herumstreunende Tiere davon abzuhalten, durch den Garten zu laufen und die Pflanzen niederzutrampeln. Zum Schluß sollten Sie noch bei Ihrer Planung so dekorative Elemente wie eine Sonnenuhr, einen Bienenkorb oder kleine Skulpturen inmitten der Kräuter in Erwägung ziehen. Wenn Sie genügend Platz haben, können Sie auch eine Bank aufstellen, um in Ruhe die Farben und Düfte Ihres Gartens genießen zu können.

Die Auswahl der Pflanzen

Wenn der Plan Ihrer Gartenanlage fertig ist, müssen Sie nur noch entscheiden, was Sie pflanzen wollen. Fertigen Sie eine Liste der Kräuter an, die Sie am meisten verwenden. Nachdem Sie für die wichtigsten Kräuter einen Standort in Ihren Plan eingezeichnet haben, sollten Sie noch irgendein Plätzchen in Ihrem Garten für einige Kräuter reservieren, die Sie kennenlernen wollen: zum Beispiel Koriander für mexikanische, thailändische und chinesische Gerichte, Kreuzkümmel für Gerichte aus Indien und dem mittleren Osten, oder Borretsch, Sauerampfer und Pimpinelle für besondere Salate.

Wenn Sie die Kräuter für Kränze oder Kräutermischungen verwenden wollen, dann wählen Sie duftende und farbenprächtige Pflanzen aus. Sie können Ihren Garten aber auch mit Kräutern bepflanzen, die Sie für Tee, Medizin oder zum Färben benötigen, oder Sie lassen in Ihrem Kräutergarten nur die vielen Varietäten eines einzigen Krauts, beispielsweise Thymian, wachsen.

Die Planung der Kräuterbeete

Studieren Sie das nächste Kapitel über die einzelnen Kräuter, um herauszufinden, welche Kräuter einjährig oder zweijährig sind, wie hoch sie werden, und welchen Raum sie im Garten benötigen. Dann stellen Sie die Pflanzen in Ihrem Plan zusammen, wobei Sie die folgenden Richtlinien beachten:

1. Wenn möglich, sollten Sie ein- und mehrjährige Pflanzen voneinander trennen, damit Sie die mehrjährigen nicht stören müssen, wenn Sie die einjährigen pflanzen oder herausziehen.

Ein kunstvoll gedrechselter Lattenzaun (oben) umgibt den stilvollen Kräutergarten des Chatham Shaker Museums. Ein streng gestalteter Garten in Connecticut (darunter), ist hier nicht mit einer traditionellen Backsteinmauer, sondern mit Steinen aus der Gegend eingefriedet.

2. Ordnen Sie die hohen Pflanzen im Hintergrund Ihrer Rabatte oder in der Mitte eines von allen Seiten zugänglichen Beetes an, davor die mittelhohen Pflanzen und die niedrigwachsenden in den Vordergrund. In einem streng gehaltenen Garten begrenzen oft Hecken aus niedrigen Pflanzen wie Zwerglavendel, Ysop, Gamander oder Heiligenblume jedes einzelne Beet.

3. Geben Sie jeder Pflanze genug Raum, damit sie sich voll entwickeln kann. In einem streng gestalteten Garten sollten Sie die Pflanzen so voneinander trennen, daß ihre Individualität erhalten bleibt. In einem frei gestalteten Garten hingegen sollten Sie die Pflanzen so dicht zusammensetzen, daß sie sich zu verbinden scheinen.

4. Wenn genug Platz vorhanden ist, erzielen Sie eine große Wirkung, wenn Sie mehrere Pflanzen derselben Sorte in einer Gruppe zusammenpflanzen.

5. Arrangieren Sie die Pflanzen so, daß der Kontrast der vielen Grünschattierungen, vom silbrigen Grün der Artemisien bis zum metallischen Blaugrün der Weinrauten, deutlich wird. Erhöhen Sie die Wirkung durch die dunklen Rottöne des Opalbasilikums, der Perilla und des roten Salbeis, durch die gelben Blätter des Goldmajorans und die vielen Kräuter mit grüngelb gescheckten Laub. Versuchen Sie auch, den Kontrast der verschiedenen Blattformen und Strukturen hervorzuheben: wie zum Beispiel feinnadeligen Rosmarin und Lavendel, den samtenen Wollziest, die gefalteten und muschelförmigen Blätter des Frauenmantels, die mit winzigen Blättern übersäten Thymiansorten und die runzelige Minze.

6. Die meisten Kräuter haben relativ kleine Blüten. Aber es gibt auch Kräuter mit auffälligen Blüten wie Pferdeminze, Ringelblume, Kapuzinerkresse und Schafgarbe. Seien Sie vorsichtig im Zusammenstellen der Pflanzen. Ein erfahrener Gärtner kann erreichen, daß eine Komposition verschiedenster Farben gelingt, aber der unerfahrene Gärtner sollte lieber Kräuter mit verwandten Farben zusammenpflanzen, zum Beispiel Blau-, Purpur- und Weißtöne oder Gelb, Orange- und Rottöne.

Wenn Sie Ihren Plan gezeichnet haben, dann können Sie mit dem Anlegen Ihres Kräutergartens beginnen.

DAS ANLEGEN DES KRÄUTERGARTENS

Als erstes müssen Sie beim Anlegen Ihres Gartens den Grundriß Ihres Plans auf den ausgewählten Platz übertragen. Nachdem Sie ihn sorgfältig ausgemessen haben, klopfen Sie an jede der vier Ecken des ausgemessenen Grundstücks einen Pfahl. Wenn Ihr Garten mehrere verschiedene Teile umfaßt, markieren Sie jeden Teil mit Pfählen. Dann spannen Sie Schnüre zwischen den Pfählen. Um den Umriß eines Kreises zu markieren, klopfen Sie einen Pfahl in die Mitte der Stelle, wo der Kreis angelegt werden soll. Um den Pfahl knoten Sie eine Schnur, die so lang wie der Radius des Kreises ist. Am anderen Ende der Schnur befestigen Sie einen Trichter. Geben Sie etwas Kreide in den Trichter und führen Sie ihn ganz langsam im Kreis rund um den Pfahl, damit genug Kreide herausfällt und eine deutliche Linie entsteht. Beim Umgraben Ihres Gartens können Sie sich dann nach der Schnur und den mit Kreide gezogenen Linien richten.

Die Vorbereitung des Bodens

Wenn Sie den Garten umgraben, sollten Sie gleichzeitig den Boden vorbereiten. Denn nur auf einem guten Boden können Ihre Kräuter gedeihen und gesund bleiben. Sie überstehen beinahe alles, wenn sie eine gute Drainage und lockeren Boden haben. Einige Böden sind so sandig, daß das Wasser durchläuft, bevor es die Pflanzen aufsaugen können, andere Böden wiederum so lehmhaltig, daß das Wasser stehenbleibt und die Wurzeln ertrinken. Sie können die Durchlässigkeit des Bodens leicht testen, indem Sie ihn gut wässern. Wenn das Wasser stehenbleibt anstatt durchzusickern, dann enthält der Boden mit Sicherheit zuviel Lehm. Wenn der Boden jeden Tag nach dem Wässern bis in eine Tiefe von 2—3 cm trocken bleibt, dann ist er wahrscheinlich zu sandig.

Alle Gärten sollten mindestens 30 cm tief umgegraben werden (wenn Sie kräftig genug sind, am besten doppelt so tief). Der Kräuterzüchter Tom De Baggio, der ganz hervorragende gesunde Pflanzen in seiner Gärtnerei in Virginia anzieht und verkauft, empfiehlt, eine 15 cm dicke Schicht Kompost oder Torfmoos und ein wenig Perlit in die oberen 20—30 cm des Bodens einzuarbeiten, um die Drainage zu verbessern. »Es gibt beinahe keinen Boden, der nicht von einer Humuszugabe profitieren würde«, sagt er. »Humus trägt dazu bei, in sandigen Böden die Feuchtigkeit zu halten und andererseits harte Lehmböden zu lockern, indem er das Wasser abfließen läßt und den Wurzeln Luft und Raum zum Wachsen gibt.«

Da die Kräuter einen neutralen oder leicht alkalischen Boden mit einem pH-Wert von 6—7,5 vorziehen, sollten Sie den pH-Wert Ihres Bodens überprüfen lassen, indem Sie an verschiedenen Stellen Bodenproben entnehmen und an das nächstgelegene bodenkundliche Institut schicken. Sollte Ihr Boden zu sauer sein, dann wäre es ratsam, etwas Kalk zusammen mit dem Humus in den Boden einzuarbeiten.

Sie sollten beim Vorbereiten der Beete auch etwas organischen Dünger untermischen, um den Pflanzen einen guten Start zu geben. Grundsätzlich brauchen die Kräuter, wenn sie erst einmal angewachsen sind, nicht so viel Dünger wie andere Pflanzen in Ihrem Garten. Zwar ist es eine Tatsache, daß Sie durch Düngen üppige Pflanzen bekommen, durch zuviel Dünger verlieren sie aber auch an Duft und Geschmack. Wenn sich der Garten einmal voll entwickelt hat, sollten Sie jeden Herbst nur ein wenig Kompost in den Boden einarbeiten. Achten Sie auch darauf, daß Sie den wenigen Kräutern, die es brauchen, die nötigen Nährstoffe zuführen (siehe die Liste der Kräuter auf den Seiten 14—21, oder fragen Sie in Ihrer Baumschule an, welche Kräuter besondere Nährstoffe brauchen).

Der Pflanzenkauf

Wenn die Beete fertig vorbereitet sind, dann notieren Sie auf Ihrer Liste, welche Pflanzen einjährig und welche mehrjährig sind. Weil die meisten mehrjährigen Pflanzen langsam angehen, sollten Sie lieber junge Pflänzchen bei einer zuverlässigen Kräutergärtnerei kaufen. Das hat auch noch den Vorteil, daß Sie in der Baumschule oder Gärtnerei erfahren können, welche Kräuter in Ihrem Klima am besten gedeihen, welche besondere Pflege brauchen und welche absolut ungeeignet sind. Da viele Kräuter jedes Jahr geteilt werden müssen, können Sie mit Sicherheit auch von Freunden und Nachbarn Pflanzen bekommen. Die meisten Besitzer von Kräutergärten geben gern von ihren Schätzen an andere ab.

Die Kräuterspezialistin Maria Price (oben) pflückt Raute in dem ›Mondgarten‹, den sie für ihre Farm in Maryland entworfen hat. Darunter: Pferdeminze und andere Kräuter mischen sich mit Blumen in dem sorgfältig geplanten, aber ganz natürlich aussehenden Garten des Malers Robert Dash auf Long Island.

Sal Gilbertie legte an einem Hügelhang (links) terrassenförmige Beete an und bepflanzte sie mit Kräutern und Gemüsen.

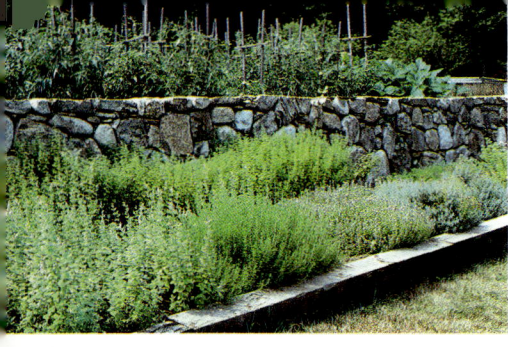

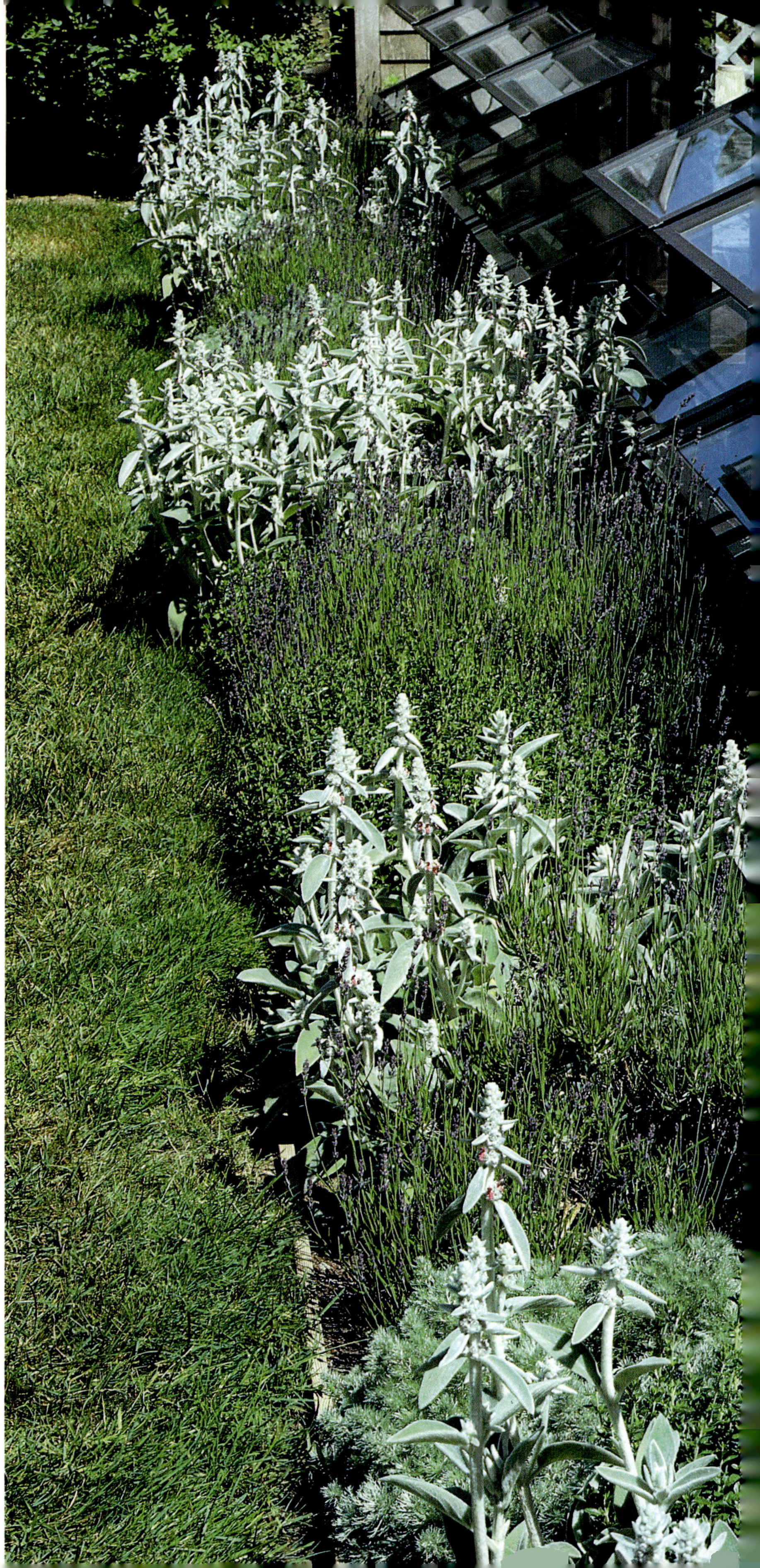

Tom De Baggio gibt folgende Ratschläge, die beim Kauf von Pflanzen befolgt werden sollten:

1. Pflanzen aussuchen, die mehrere kräftige Stiele haben und neue Triebe im Ansatz zeigen.
2. Wenn die Farbe der Pflanzen merkwürdig erscheint, Zweifel anmelden. Eine abweichende Farbe ist oft ein Zeichen dafür, daß mit der Pflanze etwas nicht in Ordnung ist.
3. Will man den Duft eines Krautes prüfen, die Pflanze hochnehmen (immer mit dem Topf) und daran riechen. Ein wenig mit der Hand durch die Blätter streichen, damit sich der Duft des Krautes besser entfaltet. Niemals eine Pflanze durch Ausreißen eines Blattes verunstalten!
4. Überprüfen, ob die Pflanze frei von Ungeziefer und Krankheiten ist.
5. Die Pflanze sollte genau ausgezeichnet sein. Wenn das Etikett nicht lesbar ist, die Pflanze hochheben. Das Etikett nicht herausziehen. Beim Hineinstecken des Etiketts könnten die zarten jungen Wurzeln der Pflanze verletzt werden.

Das Ziehen der Pflanzen aus Samen

Schnell wachsende einjährige Kräuter können aus Samen gezogen werden. Wenn Sie selbst aussäen wollen, dann säen Sie direkt in den Garten, sobald die Frostgefahr vorüber ist, oder beginnen Sie damit in der Wohnung, um der Jahreszeit etwas voraus zu sein.

Für die Aussaat im Haus ist jeder Behälter geeignet, verwenden Sie aber nur gute Blumenerde. Bevor Sie die Erde in die Töpfe füllen, sollte sie auf jeden Fall angefeuchtet werden. Schneiden Sie oben in den Sack Blumenerde ein Loch und schütten Sie etwas Wasser hinein. Kneten Sie den Sack so lange, bis die Erde darin durch und durch feucht ist. Dann füllen Sie die Töpfe bis 1 cm unter den Rand mit Erde und stampfen sie etwas fest.

Setzen Sie die Töpfe auf ein wasserdichtes Tablett, so daß sie von unten gewässert werden können, und stellen Sie das Tablett an einen Platz, an dem die Töpfe etwas Licht, aber keine Sonne bekommen können. Die Erde in den Töpfen darf niemals austrocknen. Sie können die Pflanzen besser vor dem Austrocknen bewahren, wenn Sie die Töpfe mit einem Stück durchsichtiger Plastikfolie abdecken, das Sie an kleinen Stöckchen an den Ecken des Tabletts befestigt haben.

Sobald die Sämlinge erscheinen, stellen Sie die Töpfe an ein kühles, sonniges Fenster. Es ist wichtig, daß sie jetzt 5—6 Stunden Sonne bekommen, andernfalls beginnen sie zu schießen. Düngen Sie die Sämlinge jeden zweiten Tag beim Gießen mit einem nicht so starken organischen Dünger. Wenn die Pflanzen zwei echte Blattpaare entwickelt haben, müssen Sie den Haupttrieb ausbrechen, um die Ausbildung von neuen Trieben zu fördern. Wenn die kleinen Pflanzen einige Zentimeter hoch sind und kräftig aussehen und sich der Boden draußen allmählich erwärmt hat, ist es an der Zeit, sie an ihren endgültigen Standort zu gewöhnen. Stellen Sie die Pflanzen für ein paar Tage

Wollziest, Lavendel und silbrige Artemisien (rechts) schaffen eine schöne Palette von Grüntönen vor dem Speisesaal eines Restaurants in Nantucket.

an einen geschützten Platz, der nur indirekt von der Sonne beschienen wird, und holen Sie sie nachts ins Haus. Auf diese Weise können Sie einen Klimaschock vermeiden.

Das Auspflanzen der Kräuter

Weil kleine Pflanzen in der heißen Mittagssonne leicht verwelken, sollten Sie die Kräuter in den frühen Morgenstunden, am späten Nachmittag oder an einem leicht bewölkten Tag nach draußen pflanzen.

Seien Sie vorsichtig, wenn Sie die Kräuter aus ihren Töpfen nehmen. Anstatt die Pflanzen herauszuziehen, drehen Sie den Topf um, wobei Sie den Stiel der Pflanze zwischen die Finger nehmen und die geöffnete Hand aufhalten, um die Pflanze mit der Erde aufzufangen. Wenn Sie einen Plastiktopf ein wenig zusammendrücken, sollte die Pflanze herausgleiten. Gelingt es nicht, dann klopfen Sie ein paarmal mit den Seiten des Topfs auf den Boden oder auf einen Tisch und versuchen es noch einmal. Sollten die Wurzeln sehr zusammengepreßt sein, dann versuchen Sie sie vorsichtig an den Seiten zu lockern. Wenn Sie die Pflanze nun in ein vorbereitetes Loch pflanzen, achten Sie darauf, daß die Spitze der Wurzel den Boden des Lochs berührt. Verteilen Sie ein wenig Erde um die Wurzeln und gießen Sie gut an. Sobald das Wasser versickert ist, füllen Sie das Loch mit Erde, drücken diese vorsichtig rund um die Pflanze fest und gießen noch einmal. Wässern Sie täglich, bis neue Triebe sichtbar werden. Sie weisen darauf hin, daß die Wurzeln wieder Fuß gefaßt haben.

Die Pflege des Kräutergartens

Wenn Sie Ihren Garten erst einmal bepflanzt haben, dann muß seine weitere Pflege keine große Arbeit mehr sein. »Kräuter zu pflegen ist einfach«, sagt Sal Gilbertie, der größte Kräuterzüchter an der Ostküste der USA. »Wenn nötig, können die Kräuter gut zwei Wochen lang ohne Pflege bleiben. Sie werden diese Zeit unter normalen klimatischen Bedingungen gut überstehen. Ein 3 x 3 Meter großer Kräutergarten bietet 50 Pflanzen ausreichend Platz«, stellt er fest. »Sie können ihn in 15 Minuten pro Woche versorgen, und Sie brauchen weitere 15 Minuten in der Woche, um die reifen Kräuter zu ernten.« In diesen 15 Minuten müssen Sie vor allem in der Anfangszeit etwas Unkraut jäten, wenn kräftige Unkräuter die noch jungen Pflanzen verdrängen können. Wenn Sie einen streng gestalteten Garten haben, brauchen Sie vielleicht ein wenig mehr Zeit.

Selbst wenn einige Kräuter lange Trockenperioden an ihrem natürlichen Standort überstehen, müssen sie in Ihrem Garten regelmäßig gegossen werden. Mr. Gilbertie rät, die Kräuter nicht von oben zu gießen, »da die meisten Kräuterpflanzen weiche Stiele haben und leicht Pilzkrankheiten bekommen, wenn sie naß werden und nicht abtrocknen können. Man kann ihnen auch helfen, indem man ihnen genug Licht und Raum gibt, damit die Luft zwischen ihnen frei zirkulieren kann«.

13

Buschbasilikum, Opalbasilikum, Petersilie und Tagetes ergeben zusammen ein farbenprächtiges Bild in einem Küchengarten in Neuengland.

EINE AUSWAHL VON 40 KRÄUTERN

Die Auswahl der Kräuter für Ihren Garten ist eine vergnügliche Aufgabe, die etwas Zeit und Nachdenken in Anspruch nimmt. Sie möchten aromatische Kräuter zum Kochen und duftende Kräuter für Kräutermischungen haben. Außerdem brauchen Sie noch Kräuter, die sich gut trocknen lassen, für Kränze oder andere künstlerische Arbeiten. Sie müssen wissen, wie hoch die Kräuter werden, damit Sie sie an die richtige Stelle in ihrem Beet setzen, ob sie ein- oder mehrjährig sind und ob sie Sonne oder Schatten brauchen. In diesem Kapitel finden Sie alle notwendigen Informationen über 40 Kräuter, die sich gut für Ihren Garten eignen würden. Entscheiden Sie sich nun, welche Ihnen am meisten zusagen, aber bedenken Sie dabei, daß es noch Hunderte mehr gibt, die Sie erforschen und ausprobieren können.

nicht unangenehmen Geruch. Sie blühen an einzelnen, bis zu 1,20 m hoch wachsenden, hohlen Stielen, die gezahnte und fiederteilige Blätter tragen. Obwohl Baldrian hübsch im Garten aussieht, wird er im allgemeinen nur seiner Wurzeln wegen gezogen. Ein aus den Wurzeln zubereiteter Tee gibt ein beruhigendes Nachtgetränk. Pflanzen Sie Baldrian in volle Sonne und in einen lockeren Boden, in dem sich die Wurzeln gut ausbreiten können.

ANGELIKA (ENGELWURZ)

Angelica archangelica
zweijährig

Große, runde, süß duftende Dolden, bestehend aus grünlich-weißen Blüten, auf langen, hohlen Stielen stehend, bilden die Krone der Angelika im frühen Sommer. Die strohartigen Früchte enthalten einen braunen Samen. Die leicht bitteren Blätter erinnern an Sellerie, sind aber viel größer. Obwohl das Kraut vor allem wegen seiner kandierten Stiele bekannt ist, die als Dekoration für Süßspeisen verwendet werden, sind die Samen ein wichtiges Gewürz für Liköre und Gin. Angelika blüht im zweiten Jahr. Es kann 2 m hoch werden, und die Dolden erreichen manchmal eine Breite von 1,50 m. Pflanzen Sie Angelika in einen fruchtbaren, feuchten Boden, an einen kühlen, teilweise beschatteten Platz.

ARTEMISIE »SILVER KING«

Artemisia ludoviciana v. albula
mehrjährig

Die Artemisie »Silver King« (oder Edelraute), eine Beifuß-Varietät, mit eleganten Stielen voll weißlicher Blätter, ist sehr dekorativ in Ihrem Garten. Sie kann einen wunderbaren Hintergrund für die leuchtenden Grüntöne und Blütenfarben der anderen Pflanzen bilden. Die Ähren mit gelblich-weißen Blüten erscheinen im Spätsommer. Die Kranzbinder verwenden diese silbrige Artemisie als Unterlage für ihre Gestecke, aber sie sieht auch in frischen Sträußen hübsch aus. Die winterharte mehrjährige Artemisie wird ungefähr 80 cm hoch. In voller Sonne werden ihre Stiele länger und kräftiger.

BALDRIAN (echter)

Valeriana officinalis
mehrjährig

Die kleinen, leicht rosagetönten weißen Blüten des Baldrians erfüllen den ganzen Sommer über den Garten mit ihrem fremdartigen, aber

BASILIKUM

Ocimum basilicum
einjährig

Die großen, gekräuselten Blätter des salatblättrigen Basilikums und die etwas kleineren des süßen Basilikums, die einen warmen, würzigen Duft abgeben und sehr aromatisch sind, gehören zu den beliebtesten Küchenkräutern. Im Sommer sitzen an den Blattstengeln cremig-weiße Blütenähren. Die jungen Triebspitzen sollten beim Basilikum wie bei anderen einjährigen Kräutern immer herausgebrochen werden, um das Wachstum der Pflanzen anzuregen. Dunkles Opalbasilikum, das etwas weniger pikant ist, bildet mit seinen kräftigen roten Blättern eine farbenprächtige Ergänzung in Ihrem Garten. Basilikum wird ungefähr 20—50 cm hoch.

Pflanzen Sie es in die Sonne oder in den Halbschatten, in einen nicht allzu fruchtbaren Boden, und halten Sie es feucht, aber nicht naß.

BEINWELL (gemeiner)

Symphytum officinale
mehrjährig

Die hohe und kräftige Pflanze hat im unteren Teil breite, behaarte Blätter, die nach oben hin kleiner werden. Die Blüten, die beim Öffnen ihre Farbe von Lila in Blau verändern, erblühen während des Sommers an eleganten Stielen. Da Beinwell im Ruf steht, Blut zu stillen und heilende Wirkung zu haben, wird er bei kleineren Schnittwunden und zur Herstellung von Hautpräparaten verwendet. Beinwell wird 70—90 cm hoch. Pflanzen Sie ihn in feuchten, ziemlich nahrhaften Boden, in volle Sonne oder Halbschatten.

BOHNENKRAUT

Satureja hortensis
(Sommerbohnenkraut)
einjährig

Satureja montana
(Winterbohnenkraut)
mehrjährig

Sommer- und Winterbohnenkraut sind scharf schmeckende, aromatische Pflanzen, die in Geschmack und Aussehen an Thymian erinnern, jedoch größere Blätter haben. Ihr pikanter Geschmack eignet sich eben-

falls gut für die Küche. Das Sommerbohnenkraut ist das größere und lieblichere Gewächs. Seine langen schmalen Blätter, die spärlich an den Stielen wachsen, werden im Spätsommer leicht bronzefarben. Die kleinen Blüten haben Farben zwischen Weiß, Rosa und Lila. Pflanzen Sie Sommerbohnenkraut in einen nahrhaften, leichten Boden, wo es viel Sonne und genug Feuchtigkeit bekommt. Winterbohnenkraut ist in warmen Klimazonen immergrün. Seine glänzenden, dunkelgrünen Blätter sind kleiner, steifer und spitzer als die des einjährigen Bohnenkrauts. Die winzigen Blüten, die entlang den Stielen blühen, sind weiß oder lavendelfarben. Winterbohnenkraut liebt einen ärmeren, weniger feuchten Boden.

BORRETSCH

Borago officinalis
einjährig

Der Borretsch mit seinen behaarten, blau-grünen Blättern und leicht hängenden, leuchtend blauen Blüten ist

trotz seines etwas unordentlichen Aussehens wunderschön im Sommergarten. Obwohl er nicht duftet, schmecken die Blätter leicht nach Gurken und können in Salaten und Essig verwendet oder als Tee aufgebrüht werden. Die kandierten Blüten sind eine hübsche Verzierung für Kuchen und Getränke. Borretsch wird bis zu 1 m hoch. Er hat kräftige Stiele, die wie die Blätter behaart sind. Er gibt sich mit jedem Boden zufrieden, nur stehende Nässe mag er nicht. Viel Sonne hat er besonders gern.

DILL

Anethum graveolens
einjährig

Dill verleiht dem Kräutergarten eine elegante Note. Das gefiederte, leuchtendgrüne Laub wächst an 90—120 cm hohen Stengeln, an deren Enden sich die herrlichen flachen Köpfe mit den winzigen, grünlich-gelben Blüten erheben. Blätter und Samen sind beliebte Küchenkräuter. Wenn Sie immer neue Blätter ziehen wollen, schneiden Sie die Blüten sofort nach ihrem Erscheinen ab. Um die aromatischen kleinen braunen Samen ernten zu können, müssen die Blüten sich zu Samenköpfen entwikkeln und reifen. Pflanzen Sie Dill in einen normalen, gut durchlässigen Boden, wo er viel Sonne bekommt und vor kräftigen Winden geschützt steht.

ESTRAGON

Artemisia dracunculus
mehrjährig

Die kleinen spitzen Blätter an den langen dünnen Stielen des französischen Estragons entfalten ein warmes, feines, anisähnliches Aroma. Im Gegensatz zu dem gering geschätzten

russischen Estragon blüht der französische selten und bildet entsprechend selten Samen. Er muß deshalb aus Stecklingen gezogen oder durch Wurzelteilung vermehrt werden. Er ist ein sehr beliebtes, aromatisches Küchenkraut. Estragon wird 60—90 cm hoch und breitet sich sehr langsam aus. Er liebt Sonne, mag aber keine heißen und feuchten Gegenden. Pflanzen Sie Estragon in einen ziemlich nahrhaften, gut durchlässigen Boden und düngen Sie ihn nach der Ernteperiode.

FENCHEL

Foeniculum vulgare
bedingt mehrjährig

Fenchel, eine große hübsche Pflanze, hat dicke, glänzende Stiele, die mit gefiederten, grünen Blättern bedeckt sind. Auf den bis zu 1,50 m hohen Stielen sitzen während des ganzen Sommers die hüllenlosen Dolden, die aus winzigen gelben Blüten bestehen. Wenn man sie reif werden läßt, entwickeln sie sich zu aromatischen braunen Samen. Blätter und Blüten haben ein strenges, lakritzartiges Aroma, das in der Küche gern gebraucht wird. Der weniger stattliche Florentiner Fenchel *(Foeniculum v. dulce)* hat eine eßbare, nach Anis schmeckende Knolle. Der bronzefarbene Fenchel, der von seiner Farbe abgesehen mit dem gemeinen Fenchel identisch ist, kann eine hübsche Bereicherung in Ihren Blumenbeeten darstellen. Obgleich Fenchel in gemäßigten Klimazonen mehrjährig ist, wird er im allgemeinen als einjährige Pflanze gezogen. Setzen Sie ihn an einen sonnigen Fleck, wo er vor heftigen Winden geschützt ist.

FRAUENMANTEL

Alchemilla vulgaris
mehrjährig

Frauenmantel verzaubert Küchengärten und Blumenbeete mit seinen Hügeln samtiger, muschelförmiger Blätter, auf denen sich der Morgentau sammelt. Die Blätter sind hübsch gefältelt, bevor sie sich zu einer Größe von 10 bis 20 cm Durchmesser ausbreiten. Die Wolken gelblich-grüner Blüten überdauern den ganzen Sommer und bilden einen wunderbaren Kontrast zu den Blau-, Grau- und Grüntönen im Garten. Die Blüten passen gut in Blumenbouquets, und die Blätter sind in Hautpräparaten zu verwenden. Die kleinen Blatthügel können bis zu 50 cm hoch werden. Pflanzen Sie Frauenmantel in gute Erde, in volle Sonne oder in den Halbschatten.

GÄNSERICH (RAINFARN)

Tanacetum vulgare
mehrjährig

Vom Spätsommer bis in den Herbst sitzen knopfförmige gelbe Blüten auf den hohen Stengeln mit den gefiederten, glänzend-grünen Blättern. Die Blätter haben einen eher medizini-

schen Geruch und werden dazu verwendet, Ameisen, Fliegen und Flöhe zu vertreiben. Die getrockneten Blüten werden für Kränze und andere Arrangements benutzt. Der Gänserich wird 60 cm – 1,20 m hoch und gedeiht in beinah jedem Boden.

GERANIEN (Duft-)

Pelargonium
(verschiedene Arten)
bedingt mehrjährig

Duftgeranien mit ihren verschiedenen exotischen Düften und unterschiedlich geformten Blättern gehören zu den angenehmsten Pflanzen unter den Kräutern. Sie umfassen die altmodischen Rosengeranien, die nach Zitronen, Limetten und anderen Früchten duftenden Varietäten, und die Sorten mit den sehr pikanten Aromen wie Ingwer, Muskatnuß und Eichenblatt. Die Blüten sind unbedeutend, aber die duftenden Blätter, die ihr Aroma in heißer Sonne oder bei Berührung entfalten, eignen sich wunderbar für Kräutermischungen und werden zum Aromatisieren von Gebäck und Süßspeisen verwendet. Duftgeranien, die in warmen Klima-

zonen mehrjährig sind, erreichen eine Höhe von 50 cm bis 1 m. In kühlen Gegenden müssen sie im Winter ins Haus genommen werden. Sie sind ausgezeichnete Zimmerpflanzen, gedeihen in gut durchlässigem Boden in voller Sonne, benötigen Wasser während längerer Trockenperioden und gelegentlich etwas Dünger.

HEILIGENBLUME

Santolina chamaecyparissus
mehrjährig

Dieses aromatische Kraut mit seinen filzigen, fein gegliederten Blättern trägt während des Sommers auf 60 cm hohen Stielen eine Masse kleiner gelber Blütenköpfe. *Santolina virens* sieht ähnlich aus, nur sind die Blätter schmaler und dunkler grün, die Blüten blasser. Frische Zweige machen sich hübsch in Sträußen, getrocknet werden sie zu Kränzen und mottenabweisenden Duftsäckchen verwendet. Die strauchige Heiligenblume breitet sich oft nach allen Seiten und in die Höhe aus und bleibt in warmen Gegenden immergrün. Sie braucht normalen, leicht sauren, gut durchlässigen Boden und volle Sonne.

KAMILLE

*Chamaemelum nobile oder
Anthemis nobilis*
(Römische Kamille)
mehrjährig

Chamomilla recutita
(Deutsche Kamille)
einjährig

Fein gefiederte Blätter und margeritenähnliche Blüten, die an aufrech-

ten Stielen über dem verzweigten Blattwerk wachsen, sind die typischen Merkmale aller Kamillen. Die Deutsche Kamille kann an dem hohen, gelben Blütenboden erkannt werden. Sie hat einen süßen Duft, der an Äpfel erinnert. Diese Art der Kamille wird für den bekannten Beruhigungstee verwendet. Die Römische Kamille hat eine Blüte mit einem flachen, kompakten Boden. Da die Pflanze nicht höher als 25 cm wird, läßt sie sich gut als weicher, üppiger Bodendecker verwenden. Wegen des leicht bitteren Geschmacks spült man sich lieber damit die Haare als Tee davon aufzubrühen. Eine andere Varietät, die Färberkamille *(Anthemis tinctoria),* ist eine mehrjährige Pflanze mit ausdauernden, leuchtendgelben Blüten und silbernen Blättern. Sie macht sich hübsch in Sträußen und läßt sich gut als Färbemittel verwenden. Pflanzen Sie Kamille in einen leicht sauren, ziemlich nährstoffreichen Boden. Sie liebt Sonne, verträgt aber auch etwas Schatten.

KAPUZINERKRESSE

Tropaeolum majus
einjährig

Die großen, runden, saftig-grünen Blätter der Kapuzinerkresse sind den ganzen Sommer über bis in die ersten kühlen Herbsttage hinein von trompetenförmigen Blüten in vielen schönen Farbtönen von Gelb, Orange, Rot über Kastanienbraun und Mahagoni bis hin zu Cremeweiß übersät. Ihre Blätter und Blüten haben einen pfeffrigen Geschmack, der gut zu Salaten und Sandwiches paßt. Die kleinen Büsche der zwergförmigen Kapuzinerkresse werden nicht höher als 45 cm. Es gibt noch eine andere Varietät mit langen Stielen, die über den Boden kriecht, sich um alles

schlingt und bis zu 1,80 m hoch klettert. Die Kapuzinerkresse liebt volle Sonne, nicht aber sengende Hitze, und einen normalen, gut durchlässigen Boden.

KATZENMINZE

Nepeta cataria
mehrjährig

Die herzförmigen, behaarten, graugrünen Blätter der Katzenminze werden von der Mitte des Sommers bis zum frühen Herbst von einer Fülle lavendelblauer Blütenähren überragt. Katzen lieben dieses schöne Kraut, und viele Menschen trinken gern Katzenminzetee. Die Pflanze wird 60—90 cm hoch und oft auch genau so breit. Eine andere Sorte *(Nepeta mussinii)* mit ihren blauen bis lavendelfarbenen Blüten eignet sich besser zur Vorpflanzung von Rabatten und Kräuterbeeten, weil sie selten höher als 30—40 cm wird. Beide sind winterharte, mehrjährige Pflanzen, die einen feuchten, leichten, aber fruchtbaren Boden bevorzugen. Sie mögen etwas Schatten, können aber auch Sonne gut vertragen.

KÖNIGSKERZE

Verbascum thapsus
zweijährig

Die Königskerze erreicht eine majestätische Höhe. Im zweiten Jahr entwickelt sich aus einer Rosette großer, samtiger, grau-grüner Blätter ein langer, ährenförmiger Blütenstand mit kleinen gelben Blüten. Sie wirkt in ihrer natürlichen Umgebung oder im Hintergrund Ihres Gartens sehr attraktiv. Ein Aufguß der Blüten kann zum Aufhellen von blonden Haaren verwendet werden. Sie kann im zweiten Jahr bis zu 1,80 m hoch werden. Sie gedeiht in jedem Boden — vorausgesetzt, er ist gut durchlässig und leicht alkalisch — und bevorzugt volle Sonne und einen geschützten Standort.

KORIANDER

Coriandrum sativum
einjährig

Der pikante Koriander hat zwei verschiedene Blattarten. Die unteren Blätter ähneln der glatten Petersilie, die oberen sind viel zarter und fein geschlitzt. Die winzigen weißen Blüten mit den lavendelfarbigen Schattierungen bilden, wenn sie nicht gepflückt werden, runde Samen mit kräftigem, süßem Aroma. Das frische Kraut verleiht exotischen Gerichten ihren besonderen Geschmack. Gemahlener Koriander ist ein wichtiger Bestandteil von Currypulver und anderen Gewürzmischungen, die auch für kräftige Gewürzbrote und Weihnachtsgebäck verwendet werden. Koriander wird 30—90 cm hoch, liebt viel Sonne und leichten, gut durchlässigen Boden.

LAMMOHREN (WOLLZIEST)

Stachys byzantina
mehrjährig

Die samtenen, grau-grünen Blätter der Lammohren sind wollig behaart. Sie können sehr groß werden. Zu Beginn des Sommers erheben sich lange, manchmal exotisch geformte Ähren aus den Blättern, die an den äußersten Enden mit winzigen rosa Blüten übersät sind. Sie wirken sehr gut in Sträußen. Die Blüten können getrocknet für Kränze und andere Blumenarrangements verwendet werden. Lammohren werden 30 bis 45 cm hoch und neigen zum Wuchern. Sie lieben volle Sonne und gut durchlässigen Boden.

LAVENDEL

Lavandula angustifolia
mehrjährig

Die spitzen Blätter und die auf geraden Stengeln stehenden Blüten der

hübschen runden Lavendelbüsche verleihen dem Garten einen wunderbaren Duft. Je nach Sorte können die Blüten weiß, rosa oder hell- bis dunkellila sein, und die Farbe der Blätter kann sich von Blaugrün fast bis zu Grau bewegen. Eine Ausnahme bildet der gefranste Lavendel, eine Zimmerpflanze mit dunkelgrünen, farnähnlichen Blättern. Obwohl Lavendel in erster Linie wegen seines Duftes in Kräutermischungen, Kränzen und Duftwässern verwendet wird, nutzen ihn experimentierfreudige Köche auch als Gewürz für Desserts und Essig. Die kleinen Kräuterbüsche werden 30—90 cm hoch. Pflanzen Sie englischen Lavendel — den härtesten dieser Spezies —, wenn Sie in einem kalten Klima leben. Pflanzen Sie ihn immer in volle Sonne und in einen trockenen, etwas alkalischen, sandigen Boden.

LORBEER

Laurus nobilis
bedingt mehrjährig

Die stark aromatischen Blätter des Lorbeers sind glänzend, leicht gewellt und derb. Sie sind beliebt bei Köchen und Kranzbindern. Unter idealen Wachstumsbedingungen folgen auf die winzigen cremig-gelben Blüten rötlich-schwarze Beeren, von denen jede einen Samen enthält. In gemäßigtem Klima pflanzen Sie den Lorbeer nach draußen in normale, gut durchlässige Erde, wo er vor sengender Sonne und kalten Winden geschützt ist. In sehr kalten Wintern pflanzen Sie ihn in einen Kübel, damit Sie ihn bei Frost ins Haus stellen können. Der Lorbeer wird selten höher als 3 m.

MAJORAN

Origanum marjorana
bedingt mehrjährig

Die gegenständig wachsenden, kleinen, grünen, ovalen Blätter des Majorans haben ein süßes, mildes Aroma. Die Pflanze wird oft Knotenmajoran genannt, weil die kleinen, weißen Blüten aus winzigen grünen Knoten herausplatzen, die sich in den Blattachseln bilden. Er wird von den meisten Köchen wegen seines feinen Aromas als die beste Sorte der Majoranfamilie bezeichnet. Da er nur in warmen Klimazonen winterhart ist, wird er im allgemeinen nur als einjährige Pflanze gezogen, die selten höher als 30—45 cm wird. Pflanzen Sie Majoran in volle Sonne, in einen leichten, fruchtbaren Boden.

MEERRETTICH

Armoracia rusticana
mehrjährig

Meerrettich hat große, manchmal schlaffe, glänzend grüne Blätter, die direkt aus der rübenförmigen Wurzel herauswachsen. In manchen Jahren entwickelt sich aus der Mitte der Wurzel ein einziger Stiel mit kleinen, weißen Blüten. Meerrettich wird we-

gen des scharfen, beißenden Aromas seiner Wurzeln angebaut. Man raspelt und benutzt sie zum Beispiel an Stelle von Senf. Pflanzen Sie dieses winterharte Kraut, das 60—90 cm hoch wird, in einen lockeren Boden, so daß sich die Wurzeln frei entwickeln können. Da es dazu neigt, sich unkontrolliert auszudehnen, sollten Sie es nicht in einen streng gestalteten Garten setzen. Meerrettich liebt einen kühlen, feuchten, aber gut durchlässigen Boden, volle Sonne und gelegentliches Düngen.

MINZE

Mentha
mehrjährig

Von allen aromatischen Minzen sind die Grüne Minze (*Mentha spicata*) und die Pfefferminze (*Mentha piperita*) am bekanntesten. Sie verleihen verschiedenen Bonbons, Kaugummis, Eis, Desserts und Getränken ein kühles, erfrischendes Aroma. Die milderen Minzen mit fruchtigem Aroma, wie die Apfelminze (*Mentha suaveolens*) mit ihren behaarten, graugrünen Blättern und die Ananasminze (*Mentha suaveolens ›Variegata‹*), deren Blätter leuchtend grün-cremefarben gescheckt sind, machen sich hübsch im Garten. Auch die Orangenminze (*Mentha citrata*) sieht reizend aus. Ihr leicht adstringierendes Zitronenaroma eignet sich gut für Tees und Hautpräparate. Minzen sind winterhart und werden 30 bis 90 cm hoch. Sie haben alle kleinere, ährig angeordnete Blüten in Farbschattie-

rungen von Weiß über Rosa bis hin zu Violett. Pflanzen Sie die Minzen in einen fruchtbaren, ziemlich feuchten und leicht sauren Boden, in direkte Sonne oder in den Halbschatten. Da sich alle Minzen schnell ausbreiten, setzt man sie am besten in einen Kasten ohne Boden, damit sie ihre Nachbarpflanze nicht beeinträchtigen. Sie können aber auch erfolgreich in Töpfen gezogen werden.

ORIGANO (WILDER DOST)

Origanum vulgare
mehrjährig

Origano, in manchen Gegenden auch als wilder Majoran bekannt, ist ein naher Verwandter dieser Pflanze. Er hat nur ein stärkeres Aroma und seine weichen, ovalen Blätter, die paarweise an den Stielen wachsen, sind größer. Im Sommer und Herbst ist die Pflanze mit Büscheln hübscher, rosafarbener Blüten bedeckt, die für Kränze getrocknet werden können. Origano ist wegen seines kräftigen Aromas bekannt und eignet sich am besten für Gerichte wie Pizza, in denen sein intensives Aroma nicht zu stark hervortreten kann. Origano wird 50—70 cm hoch und mag am liebsten Sonne und einen leichten, gut durchlässigen und etwas alkalischen Boden.

PETERSILIE

Petroselinum crispum
zweijährig

Die krause Petersilie mit den gekräuselten Blättern und dem frischen Aroma wächst in dekorativen Büscheln, die ungefähr 20—30 cm hoch werden. Die italienische oder französische Petersilie (*Petroselinum nea-*

politanum) hat glatte Blätter und einen etwas kräftigeren Geschmack. Sie wird ungefähr 50 cm hoch. Petersilie, mit Sicherheit das meist verwendete Küchenkraut, verstärkt das Aroma anderer Kräuter. Die sehr vitaminhaltige krause Petersilie läßt sich gut zum Garnieren von Speisen verwenden und hübsch in Kräuterbouquets binden. Obwohl Petersilie zweijährig ist, wird sie als einjähriges Kraut gezogen, weil ihre Blätter im zweiten Jahr zu kräftig werden, sie zu blühen beginnt und sich rasch aussät. Pflanzen Sie dieses nahrhafte Kraut in volle Sonne oder in Halbschatten und düngen Sie es gelegentlich.

PFERDEMINZE

Monarda didyma
mehrjährig

Mit ihren großen, roten, zottigen Blütenköpfen auf hohen Stengeln ist die Pferdeminze eines der hübschesten blühenden Kräuter. Andere Varietäten haben eine Reihe von Farben, von Weiß über Rosa bis hin zu Lilatönen und Mahagoni. Die langlebigen Blüten und die dunkelgrünen, leicht gezahnten Blätter verströmen ein Zitronenaroma und erinnern in ihrem Duft an Bergamottorangen. Die Blätter sind köstlich im Tee, und die Blüten sehen hübsch in Salaten aus. Blätter und Blüten werden in Kräutermischungen verwendet. Sie wird bis zu 1 m hoch, bevorzugt Halbschatten und einen feuchten, ziemlich fruchtbaren und etwas sauren Boden.

RAUTE

Ruta graveolens
mehrjährig

Die Raute, das bitterste Kraut unter allen Kräutern, ist auch eines der schönsten. Sie besitzt eine einzigartige Form. Ihre blau-grünen, fiederschnittigen Blätter sind wiederum in abgerundete, fleischige Einzelblättchen geteilt. Die Blätter wachsen elegant an holzigen Stielen und bleiben in warmen Gegenden immergrün. Im Sommer tragen die Zweige viele kleine gelbe Blütendolden. Wenn sie nicht abgeschnitten werden, bilden sie eine interessante Samenkapsel, die oft in Kränzen und Blumenarrangements erscheint. Die getrockneten Blätter sind ein hübscher Schmuck in Kränzen und Winterbouquets. Die Raute wird 60 cm hoch. Pflanzen Sie sie in einen leicht alkalischen, normalen, gut durchlässigen Boden in die volle Sonne.

RINGELBLUME

Calendula officinalis
einjährig

Den ganzen Sommer über bis in den Herbst hinein blühen die leuchtend

orangefarbenen Blüten der Ringelblume auf ihren kräftigen Stengeln mit den großen, blaßgrünen Blättern. Die Blüten, die manchmal einfach und manchmal gefüllt sind, schließen sich in der Nacht und manchmal auch an sehr dunklen Tagen, um sich dann wieder in der Morgensonne zu öffnen. Die getrockneten Blütenblätter werden oft als Ersatz für Safran, in milden Hautpräparaten und in Kräutermischungen verwendet. Ringelblumen werden ungefähr 30—60 cm hoch. Pflanzen Sie sie in einen nährstoffreichen, lehmhaltigen Boden in volle Sonne.

ROSMARIN

Rosmarinus officinalis
mehrjährig

Die schmalen, spitzen Blätter des Rosmarins strömen einen Duft aus, der unverkennbar an Kiefern erinnert. Bei einigen Varietäten sind die glänzenden dunkelgrünen Blätter auf der Unterseite mit grauweißem Filz überzogen. Im Herbst — und manchmal auch im Frühjahr — erscheinen kleine Büschel blauer Blüten zwi-

schen den spitz zulaufenden Blättern. Das besondere Aroma von Rosmarin ist in der Küche sehr beliebt, sein wunderbarer Duft eignet sich für Kräutermischungen, und die getrockneten Zweige werden viel bei der Herstellung von Kränzen verwendet. Es gibt auch einen weniger bekannten weißblühenden Rosmarin, *Rosmarinus officinalis albus*. Die Stiele dieser buschigen Pflanze werden mit der Zeit holzig. Rosmarin wird selten höher als 60 bis 80 cm, aber in warmen Gegenden kann er unter besten Bedingungen bis zu 1,80 m hoch werden. Er ist in solchen Klimazonen eine mehrjährige immergrüne Pflanze, muß aber in kalten Gegenden, wo die Temperaturen bis unter Null absinken, ins Haus genommen werden. Pflanzen Sie ihn in einen sandigen, gut durchlässigen Boden. Die aromatischen Öle entwickeln sich am besten in voller Sonne, aber er gedeiht auch gut im Halbschatten. Eine andere Varietät, *Rosmarinus officinalis prostratus,* der niedrig bleibende kriechende Rosmarin, hat wundervoll gedrehte Zweige und ist besonders für Steingärten und Hängekörbe geeignet.

SALBEI

Salvia officinalis
mehrjährig

Salbei wächst als kleiner Busch von 60 cm Höhe. In warmen Gegenden ist er immergrün. Seine stark aromatischen rauhen Blätter haben eine graugrüne Farbe. Je nachdem wie das Wetter ist, blüht er vom Früh- bis zum Spätsommer. Mit seinen violetten Blütenähren setzt er im Garten einen farblichen Akzent und lockt die Bienen an. Salbei ist besonders köstlich zu fettem Fisch und Fleisch, zu Käse, Nudeln, Reis und in Essig. Getrocknet verwendet man ihn in Kränzen. Pflanzen Sie dieses relativ win-

terharte Kraut in gut durchlässigen, neutralen Boden und in volle Sonne. Neben dem gewöhnlichen Gartensalbei gibt es viele Varietäten: den farbenprächtigen roten Salbei, den grün-gelb gescheckten Salbei, den dreifarbigen Salbei (gescheckt und rötlich schattiert), und den wohlriechenden, würzigen Ananassalbei mit seinen schönen roten, spätsommerlichen Blüten.

SCHAFGARBE

Achillea millefolium
mehrjährig

Die gemeine Schafgarbe schmückt Felder und Gärten mit ihren flachen weißen Blütenköpfen und ihren fein gefiederten graugrünen Blättern. Die rosa Schafgarbe (*Achillea millefolium v. rosea*) hat rosa bis rote Blüten und leuchtendgrüne Blätter, und die farnblättrige Schafgarbe (*A. filipendulina*) hat leuchtendgelbe Blüten. Die weißen und gelben Varietäten sind hübsch in Sträußen und Kränzen. Pflanzen Sie Schafgarbe in volle Sonne. Sie kann aber auch Schatten vertragen. Sie gedeiht in normalem Boden und kann bis zu 1,20 m hoch werden.

SCHNITTLAUCH

Allium schoenoprasum
mehrjährig

Der bekannte Schnittlauch, der nicht so stark aromatische Verwandte der Zwiebel, des Knoblauchs und der Schalotte, wächst in Gruppen von spitz zulaufenden runden, hohlen Blättern. Über diesen saftigen Blät-

tern, die eigentlich wie Stiele aussehen, erheben sich im Sommer rosabis lilafarbene Blüten. Blätter und Blüten sind in der Küche besonders beliebt. Schnittlauch wird 30—60 cm hoch. Pflanzen Sie ihn in fruchtbaren Boden in die Sonne oder im Halbschatten.

THYMIAN

Thymus vulgaris
mehrjährig

Die winzigen ovalen Blätter dieser buschigen kleinen Pflanze enthalten ein Öl, das ein wunderbares, pikantes Aroma verströmt. Je nach Art haben die Blätter unterschiedliche Grüntöne zwischen Dunkel- bis Graugrün. Kleine Blütenähren in Weiß, Rosa oder Mauve, die die Bienen anlocken, erscheinen während des Sommers. Thymian ist ein bekanntes Küchenkraut, das aber auch in Kräutermischungen verwendet und in Kränzen verarbeitet werden kann. Es wird ungefähr 30 cm hoch und kann zu einer kleinen Hecke getrimmt werden. Der gemeine Thymian gedeiht in voller Sonne, in trockenem, sandigem Boden. Je mehr Sonne er bekommt, desto stärker wird sein Aroma. Es gibt viele Sorten Thymian mit Blüten von Weiß bis Lila.

VEILCHEN

Viola odorata
mehrjährig

Die dunkelgrünen, herzförmigen Blätter des Veilchens bilden dicke Rosetten, aus denen im späten Frühjahr duftende kleine blaue oder weiße Blüten an langen, eleganten Stengeln herauswachsen, die man zu kleinen Sträußen binden kann. Der wundervolle altmodische Duft der Veilchen wird seit jeher zum Parfümieren von Wäsche und für Duftwässer verwendet. Die Blätter sind aber auch eine schmack- und nahrhafte Beilage zu Salaten, die Blüten können kandiert werden, um Kuchen und Süßspeisen damit zu dekorieren. Die mehrjährigen, winterharten Pflanzen werden niemals höher als 30 cm. Veilchen gedeihen in warmen Klimazonen in voller Sonne oder im Halbschatten in humusreichem Boden.

WALDMEISTER

Asperula odorata
mehrjährig

Der süße Waldmeister ist ein schöner dunkelgrüner Bodendecker. Seine dünnen Stengel tragen im Abstand von ungefähr 2,5 cm Windungen von 6 oder 8 glänzenden, elliptischen Blättern. Im späten Frühjahr erscheinen über dem Blattwerk winzige weiße, sternförmige Blüten. Die Pflanzen werden niemals höher als 30 cm. Süßer Waldmeister duftet nur, wenn er

geschnitten und getrocknet wird. Er liebt einen feuchten, nahrhaften, leicht sauren Boden, viel Lauberde oder Kompost. Er ist eines der wenigen Kräuter, die Schatten bevorzugen. Er wird schnell braun, wenn er zuviel Sonne und zu wenig Feuchtigkeit bekommt.

YSOP

Hyssopus officinalis
mehrjährig

Der buschige Ysop hat eng beieinanderstehende, spitze, dunkelgrüne Blätter. Im Sommer bilden sie einen schönen Hintergrund für seine blauen Blütenähren, die Bienen und Schmetterlinge anziehen. *Hyssopus alba* hat weiße, *Hyssopus rosea* rosa Blüten. Die leicht bitteren Blätter und Blüten passen gut in Salate oder zu fettigem Fisch oder Fleisch. Ysop wird 45—60 cm hoch und ist in milden Klimazonen immergrün. Er bevorzugt einen leichten, gut durchlässigen, alkalischen Boden und volle Sonne, obwohl er auch im Halbschatten gedeiht.

ZITRONENMELISSE

Melissa officinalis
mehrjährig

Zitronenmelisse hat leuchtend-grüne, herzförmige Blätter, die einen lieblichen Zitronenduft verströmen. Die kleinen weißen Blüten, die im Spätsommer erscheinen, sind unscheinbar und werden so gut wie vollständig von den leicht gezahnten Blättern verborgen. Das Zitronenaroma des Krautes eignet sich gut für Tees, Kuchen und Plätzchen, und es verstärkt den Duft von Kräutermischungen. Das winterharte, mehrjährige Kraut erreicht überall eine Höhe zwischen 40 und 90 cm und bevorzugt Halbschatten, gedeiht aber auch in

voller Sonne. Pflanzen Sie es in fruchtbaren, feuchten, gut durchlässigen Boden und halten Sie es während Trockenperioden feucht, damit es nicht gelb wird. Eine andere Varietät, die goldene Zitronenmelisse, ist eine dekorative Rabattenpflanze mit blaßgoldgrünen Blättern.

ZITRONENSTRAUCH

Lippia citriodora
bedingt mehrjährig

Die eleganten Zweige des Zitronenstrauchs sind bedeckt mit hellgrünen, spitzen Blättern. Sie tragen im späten Sommer und frühen Herbst zarte Ähren mit weißen, bis ins blasseste Lila übergehenden Blüten. Das süße Zitronenaroma ist köstlich in Tees und Desserts, der Duft wunderbar in Kräutermischungen. Der Zitronenstrauch wird selten höher als 1,50—3 m. Er kann in normalen, gut durchlässigen Boden an einen geschützten sonnigen Platz gepflanzt werden, wo die Temperatur niemals unter den Gefrierpunkt sinkt. Im Norden muß er in Töpfe gepflanzt werden, damit man ihn im Winter ins Haus nehmen kann. Seine Blätter können abfallen, wenn er neuen klimatischen Bedingungen ausgesetzt wird, aber nach einer Ruhepause erscheinen neue Blätter.

FREI GESTALTETE GÄRTEN

Wenn Sie üppige Mengen von saftig-grünen Kräutern mögen, die wild durcheinander wachsen und deren zarte oder manchmal auch auffallende Blüten sich wunderbar mischen, dann pflanzen Sie einen frei gestalteten Garten. Wie ihre Vorgänger — die einfachen Bauerngärten, in denen Kräuter, Blumen und Gemüse nebeneinander wuchsen, und die romantischen englischen Gärten des 19. Jahrhunderts — vermitteln die frei gestalteten Gärten einen Eindruck von Natürlichkeit. Sie haben nichts von der Steifheit streng angelegter Gärten mit ihrer ausgewogenen Symmetrie und den peinlich genau begrenzten Räumen.

Dennoch müssen diese scheinbar unkomplizierten Gärten geplant und durchstrukturiert sein; ein frei gestalteter Garten sollte niemals ein Garten ohne Konzept sein. Die sich schlängelnden Wege und die in Bögen angelegten Beete sollen einen Eindruck von Tiefe und Grenzenlosigkeit vermitteln. Die Beete müssen den Anschein erwecken, als liefen sie über, und trotzdem muß der Garten insgesamt ein Ordnungsprinzip widerspiegeln.

Sie können einen kleinen Platz für Ihre Kräuter mit Hilfe einer alten hölzernen Leiter oder eines alten Wagenrads abgrenzen, indem Sie jedes Kompartiment mit einem oder verschiedenen Kräutern bepflanzen. Sie können aber auch ein größeres Stück mit alten Eisenbahnschwellen oder Steinen der Gegend einfrieden, oder an einem Hang eine Reihe von Terrassenbeeten anlegen. Sie können Kräuter und Gemüse wie zufällig nebeneinander setzen oder auch nur eine Sorte allein anpflanzen. In einem frei gestalteten Garten ist die Auswahl der Kräuter unbegrenzt. Sie können sogar solche Kräuter anpflanzen, die für einen streng gestalteten Garten ungeeignet sind, weil sie wuchern und sich über die Wege ausbreiten, sich selbst aussäen oder sehr hoch werden.

Die Kräuter sollten so dicht gepflanzt werden, daß sie ganz harmonisch ineinanderwachsen können. Es soll der Eindruck einer impressionistischen Fülle von Farben und Strukturen entstehen. Das zu erreichen, verlangt vielleicht mehr Nachdenken als ein streng gestalteter Gartenplan.

Dieser frei gestaltete Garten in Massachusetts, eine bunte Mischung von Kräutern, Gemüsen und Blumen, ist dem Viktorianischen Garten von James Crockett nachempfunden.

EIN GARTEN AM MEER

Hoch oben an der Steilküste in Massachusetts, nicht weit vom Atlantik entfernt, haben Pat und Peter Abbott auf einem Stück Land, das einst mit Zedern und wildem Wein zugewachsen war, einen üppigen Garten mit duftenden Kräutern, gesunden Gemüsen und farbenprächtigen Blumen geschaffen. Die Abbotts haben das Land gerodet und dann den Boden gewissenhaft bearbeitet. Sie haben am Strand Seetang gesammelt und ihn ein Jahr lang auf dem Felsen ausgebreitet, damit das Regenwasser das Salz herauswaschen konnte, im darauffolgenden Herbst wurde der Seetang in die Erde eingearbeitet, er löste sich im Winter auf und führte dem Boden Nährstoffe zu. Ein verlassener Turm der Küstenwache nebenan lieferte noch zusätzlichen Dünger — einen unbegrenzten Vorrat an Taubendung.

Bei der Bepflanzung des Gartens achteten die Abbotts auf die Höhe jeder Pflanze und auf Form und Beschaffenheit ihrer Blätter. Sie ernten zweimal im Jahr, das heißt, sie ernten zuerst Frühgemüse und einjährige Pflanzen und ersetzen sie dann durch neue.

Pat Abbott unterstreicht die Wichtigkeit eines guten Bodens und sagt: »Wir haben das ganze Jahr über mit einem Minimum an Arbeit einen gut kultivierten Boden. Jedesmal, wenn wir unsere Arbeit an einer Pflanzreihe beendet haben, arbeiten wir den Weg hinter uns mit einer Mistgabel durch, um ihn zu belüften.« Das ist ein guter Tip, den man sich merken sollte. Der Boden bleibt auch deswegen fruchtbar, weil die Abbotts einmal im Jahr etwas Dünger untermischen, wenn sie die Erde, in die die einjährigen Pflanzen gesetzt werden sollen, durchfräsen. Das größte Problem bei der Gartenpflege stellt für sie der sommerliche Nordostwind dar, der eine Salzgischt vom Ozean herüber aufs Land weht, die die Pflanzen verbrennt und braun werden läßt.

Pat spricht mit ihren Pflanzen und redet ihnen beim Umsetzen gut zu. »Versuchen Sie, Ihre Pflanzen an einem bewölkten Tag umzupflanzen«, rät sie, »an heißen Sonnentagen könnten sie verwelken, und wässern Sie sie gut nach dem Umpflanzen.«

Wilder Wein und Büsche schützen den Garten der Abbotts vor den heftigen salzigen Brisen, die vom Atlantischen Ozean herüberwehen. Eine Vogelscheuche bewacht die Reihenbeete in dem großen Garten (13 × 33 m), auf denen Dill, Artemisien, Fenchel und Blumen wachsen.

Körbe mit Strohblumen und getrock-neten Kräutern im Garten der Abbotts (links). Eine Vogelscheuche in Form einer Strohpuppe steht inmitten von Sonnenblumen.

27

*Valerie Leonard und ihre Tochter
Samantha gießen den Kräutergar-
ten auf der Terrasse ihres Hauses in
Connecticut.*

EIN GARTEN AUF DER TERRASSE

Ein einfacher, reizvoller Kräutergarten wächst auf der Terrasse des Hauses von Paul und Valerie Leonard in Connecticut. Dort sprießen wie zufällig zwischen den Schieferplatten Pflanzen, die sich mit dem vorhandenen kleinen Stückchen Erde zufriedengeben. Die Leonards lieben das sich fortwährend ändernde Aussehen ihres Gartens, da die Kräuter sich selbst an unvorhergesehenen Plätzen aussäen, gelegentlich absterben oder plötzlich eine andere Varietät zwischen den Steinen auftaucht. Ein solcher Garten braucht nur wenig Pflege. Der Boden muß nicht kultiviert und kaum gejätet werden, aber die verstreuten Pflanzen erfüllen die Terrasse mit ihrem Duft und verleihen ihr ein wundervoll natürliches Aussehen.

Sonnenblumen (ganz oben) sind aus Samen gewachsen, die die Vögel zufällig haben fallen lassen oder die der Wind hierher getragen hat. Duftender, kriechender Thymian (links) und Knoblauch (oben) sprießen aus den Plattenfugen hervor.

29

KRÄUTER IM WESTEN ENGLANDS

D as viktorianische Gutshaus aus Stein, in dem Lord und Lady Craigmyle ihre Wochenenden verbringen, liegt im Schatten des Klosters, das ehemals den Mönchen von Bath gehörte — neben der alten Scheune, dem Fischteich und den Weinbergen, die Teil des Besitzes sind. Da das Haus auf einem sehr steilen Hang steht, »war es fast unmöglich, Maschinen dorthin zu bringen und einen großen Garten anzulegen«, sagt Lady Craigmyle. Statt dessen legten die Craigmyles einige kleine Gärten an. Alan Paterson, ein bekannter Gartenarchitekt, half ihnen dabei. »Wir wollten einfache Gärten, die nicht viel Pflege brauchen, und da ich gerne mit Kräutern koche und sie auch

als Motive für meine Bilder verwende, mußte einer der Gärten ein Kräutergarten sein«, fügt Lady Craigmyle hinzu.

Alan legte den Kräutergarten in der Nähe der Küche in dem von einer Mauer umgebenen Hof zwischen dem Gutshaus und einer alten Molkerei an. Die Kräuter wurden in großzügigen Reihen gepflanzt, um Bänder von kontrastierenden Farben und Formen zu bilden. Gepflasterte Wege unterbrechen die Beete und schaffen einen leichten Zugang zu den Pflanzen. Besonders stark vertreten sind die Küchenkräuter, aber der Hauptweg vom Gutshaus zur Molkerei ist mit süß duftendem Lavendel eingefaßt. Die Kräuter wachsen üppig in diesem ummauerten Stück Erde, da sie vor kalten Winden geschützt stehen, aber dennoch viele Stunden des Tages die Sonne genießen können.

Der Kräutergarten (oben) mit seinen farbigen Kräuterreihen liegt zwischen dem Haus und einer alten Molkereischeune. Der einfache Garten besteht aus reihenförmig angelegten üppigen Kräuterbeeten. Der Hügelhang hinter dem Garten (oben rechts) wird von der Abtei von Bath beherrscht. Ein dicker Busch Fenchel (rechts), der in eine geschützte Ecke gepflanzt wurde, hat die Höhe des Scheunendachs erreicht.

31

Der farbenprächtige Garten liegt versteckt hinter dem typischen, mit grauen Schindeln verkleideten Haus in Nantucket (oben rechts). Basilikum, Petersilie und Zwiebel (oben) wachsen zusammen mit Tomaten direkt hinter dem Zaun zur Straße. Duftgeranien und normale Geranien in Fülle (Mitte) sind in einem bemalten alten Schubkarren zusammengepflanzt. Französische Parkstühle und ein Tisch warten einladend auf der Terrasse. Alles im Garten (oben links), die Taglilien eingeschlossen, ist eßbar. Die Beete sind mit Schnittlauch, krauser Petersilie, Kapuzinerkresse oder an den schattigen Plätzen sogar mit Salat eingefaßt, wo er langsamer wächst. Die Kaufmans können den Garten auch von drinnen genießen (links). Mehr Kräuter und Blumen wachsen in Töpfen auf den Terrassenstufen (ganz links).

EIN GARTEN IN NANTUCKET

Es macht mir keinen Spaß, in Büchern über das Gärtnern nachzulesen. Es ist so, wie wenn man über Musik liest«, sagt Barbara Kaufman. »Das geht nicht; man muß seine eigenen Erfahrungen machen.« Barbara und auch ihr Mann Norman lieben ihren Garten und die Gartenarbeit. Sie haben ihre eigenen Methoden entwickelt. »Entweder pflanze ich viele verschiedene Pflanzen auf einen einzigen Fleck, oder ich kaufe ein Dutzend derselben Pflanzen und probiere sie überall im Garten aus«, sagt sie. »Wo sie am besten gedeihen, kommen sie das nächste Jahr wieder hin. Mein Mann und ich pflanzen gern zuviel. Wir können nicht das endgültige Resultat abwarten. Trotzdem müssen wir niemals etwas ausreißen, darum kümmern sich die Natur und die Käfer.«

Die Kaufmans haben sich hinter ihrem Haus in Nantucket einen bezaubernden Garten angelegt. »Ich glaube, daß Gärten ins Reich der Phantasie gehören«, sagt Barbara. »Unser Garten ist ein Phantasiegarten, ungefähr wie in ›Die Schöne und die Bestie‹. Dort gelangt man durch eine undurchdringliche Hecke zu dem Zaubergarten. Obwohl unser Garten klein ist, ist er völlig in sich abgeschlossen. Man betritt ihn durch ein Gartentor, und wenn man erst einmal darin ist, glaubt man sich in einer anderen Welt. Draußen ist nichts.«

Als Innenarchitektin ist Barbara auch von den Illustrationen der perfekten kleinen Gärten in »Peter Rabbit« fasziniert. »So soll mein Garten sein«, sagt sie. »Wenn ich pflanze, denke ich mehr daran, wie der Garten aussehen soll, als daran, wo die Pflanzen am besten stehen sollten. Ich kaufe sogar Kräuter auf dem Markt, weil ich sie einfach im Garten nicht abschneiden mag.«

Obwohl Barbara einen Hang zur Perfektion hat, darf der Garten doch von der Familie samt Kindern und Haustieren benutzt werden. Die unbepflanzten Teile des Gartens sind groß genug für einen Eßtisch oder für Badminton, »und wenn die Hunde im Thymian sitzen, machen wir deswegen kein großes Theater«, sagt sie.

CHRIS' ERSTER GARTEN

Ich wollte schon immer einen Garten haben, dachte aber stets, er würde zuviel Zeit in Anspruch nehmen. Das endete damit, daß ich mich an anderen Gärten erfreute«, sagt mein Mitautor Chris Mead. Das war noch vor der Zeit, als er anfing, Kräutergärten zu fotografieren und mit den Besitzern dieser Gärten zu sprechen. »Ich stellte plötzlich fest«, sagt er, »daß Kräuter nicht soviel Pflege brauchen wie Blumen.«

Daraufhin begann er mit dem ihm eigenen Enthusiasmus, neben seinem gemieteten kleinen Sommerhaus an der Shinnecock-Bucht auf Long Island einen Bauerngarten anzulegen. Da er wußte, wie wichtig die Bodenvorbereitung ist, verbesserte er den Boden, indem er Torf, Dünger und etwas Kalk einarbeitete.

Nachdem ein regenreicher Frühling seine Gartenarbeiten verzögert hatte, kaufte er in der nächsten Gärtnerei die meisten Kräuter als junge Pflanzen und säte nur einige einjährige Pflanzen wie Kapuzinerkresse und Borretsch selbst aus. Nachdem die Pflanzen an Ort und Stelle eingepflanzt waren — die Gemüse in ein Beet, die Kräuter in die drei anderen und die Blumen rundherum — bestand die eigentliche Arbeit nur noch darin, gelegentlich Unkraut zu jäten und einmal wöchentlich zu wässern.

Aus eigener Erfahrung gibt Chris allen Leuten, die ihren ersten Garten anlegen, folgenden Rat: »Geben Sie Ihren Pflanzen genügend Raum. Stopfen Sie die Beete nicht zu voll, bloß weil die Sämlinge so winzig sind. Kurz nachdem ich meinen Garten angelegt hatte, mußte ich einige Wochen verreisen. Als ich zurückkam, konnte ich es gar nicht fassen, wie schnell alles gewachsen war, wie die kleinen Pflanzen nun die Beete ausfüllten.« Im Hochsommer hatte sich in Chris' erstem Garten eine wunderbare Mischung aus saftig-grünen Kräutern, selbst gezogenen Gemüsen und farbenprächtigen Blumen entwickelt.

Oben links: Chris entfernt den Rasen und bereitet den Boden vor, ehe er die Pflanzen aus der Gärtnerei einsetzt (oben rechts). Der Garten, der im Stil passend zu dem kleinen Sommerhaus entworfen wurde (rechts), enthält eine Mischung aus Kräutern, altmodischen Blumen, wie Zinnien und Cosmeen, und einige Gemüse. Um den Garten von dem ihn umgebenden Dickicht zu trennen, errichtete Chris einen schlichten Lattenzaun. Der einfache Plan (oben) basiert auf vier Beeten, die ringsum von einer Rabatte umgeben sind.

EIN ›LEITERGARTEN‹

Mit einem ›Leitergarten‹ können Sie ohne viel Zeitaufwand auf hübsche Art und Weise Kräuter ziehen. Sie müssen nur den Boden vorbereiten, die Leiter auf die gewünschte Stelle legen und die Kräuter einpflanzen. Maureen Ruettgers hat so einen Leitergarten auf dem schmalen Streifen Land hinter ihrem Farmhaus aus dem 18. Jahrhundert in Massachusetts angelegt.

Weil Maureen viele der Kräuter, die sie zum Kochen braucht, nicht auftreiben konnte, begann sie, die Kräuter selbst zu ziehen. Nach dem Start mit 25 Küchenkräutern, die sie von einem Freund bekommen hatte, stehen in ihrem Garten inzwischen duftende Kräuter für Kräutermischungen, Kränze und andere Arrangements. Andere Kräuter wachsen noch zwischen alten Steinmauern der Farm, aber die meisten Kräuter stammen aus dem großen Küchengarten. Er ist in einzelne Sektionen aufgeteilt, die ein Labyrinth bilden, in dem die Kinder gerne spielen. Um nicht Unkraut jäten zu müssen, mulchen sie und ihr Mann den Garten ausgiebig mit Zeitungspapier, das mit einer dicken Schicht von Buchweizenhülsen bedeckt ist.

Maureen empfiehlt jungen Gärtnern, mit möglichst vielen Menschen zu sprechen, die etwas von Kräutern verstehen, und ihre Gärten zu besuchen. »Ich glaube, die Leute geben immer gerne von ihren Pflanzen etwas ab«, sagt sie. Sie rät dazu, in einem Leitergarten mit Küchenkräutern anzufangen. Die deutlich abgegrenzten Felder der Leiter sind für den Anfänger eine Hilfe. Sie erleichtern ihm die Planung und bewahren ihn davor, zuviel zu pflanzen. »Pflanzen Sie immer drei von jeder Sorte, dann macht es nichts, wenn eine eingeht.«

Der Garten von Maureen (links) ist in einfache Rechtecke unterteilt, jedes Kind hat ein eigenes Stück. Im Vordergrund der von Monet inspirierte blau-gelbe Garten.
Das von einem Freund der Familie auf einen Stein gemalte Kaninchen (oben) sitzt versteckt in einem Thymianbusch am Rande des Leitergartens.

Wollziest und Silberartemisien (oben links) sind eine wirkungsvolle Randbepflanzung in einem Teil des Blumengartens. Freunde bemalten die Schieferschilder und fertigten den Bienenkorb an (oben Mitte), die dem Garten eine persönliche Note verleihen. Maureens Tochter Polly zieht Blumen und Kräuter in leuchtenden Farben wie Nelken, Schafgarbe und Stiefmütterchen (oben rechts) für die Kräutermischungen, die sie gerne zubereitet. Wenn Schafgarbe, Heiligenblumen und Frauenmantel blühen (unten), ist der ganze Garten in Goldtöne getaucht. Der alte Trockenschuppen ist im Hintergrund zu sehen.

Jedes Kompartiment der alten Obst-
baumleiter (links) ist mit einem anderen Kraut bepflanzt. Maureen Ruettgers (oben) füllt einen großen Korb
mit getrockneten Kräutern aus ihrem
Garten. Schnittlauchblüten (rechts)
setzen einen farblichen Akzent.

PRACHTVOLLE NATÜRLICHKEIT

Ein prachtvolles Durcheinander — das ist es, was ich an einem Garten liebe. Keine geraden Linien, kein strenger Plan; der schönste Garten ist der natürlichste«, sagt Mrs. J. H. Robinson. Im Glauben an diese Philosophie hat sie die letzten 30 Jahre in West Sussex in England verbracht und einen der schönsten englischen Gärten geschaffen, die man sich vorstellen kann. Breite Kieswege schlängeln sich durch das Gelände, die Ränder von einer Fülle von Sträuchern und Blumen überwuchert, die sogar hier und da aus dem Kies herauswachsen. »Ich habe diese eher formlose Anordnung viel lieber als Rabatten, weil man wirklich durch die Pflanzen schlendern und sie genießen kann und auf den Kieswegen niemals feuchte Füße bekommt. Die Pflanzen säen sich fortwährend überall selbst aus. Wenn der Effekt gut ist, lasse ich sie stehen. Wenn nicht, reiße ich sie aus. Hier bedeutet Gärtnern eher wegnehmen als neu pflanzen.«

Vor kurzem hat John Brookes, einer der führenden Gartenexperten Englands und Autor verschiedener Bücher über Gartenarchitektur, die Pflege dieses Besitzes übernommen und eine private Landschaftsgärtnerei und eine Gartenschule im Uhrenturm des alten Stallgebäudes eröffnet. Seine Vorstellungen spiegeln bestimmte Prinzipien wider. »In jeder Art von Garten müssen Sie von der Struktur ausgehen und den Raum zunächst grob skizzieren«, sagt er. »Dann können Sie über die Gestalt der Pflanzen, die Form der Blätter und die Farbe nachdenken.«

Der ummauerte Kräutergarten in Denmans verbindet Struktur und freie Gestaltung. Der Plan basiert auf einem Gittersystem von viereckigen Steinen, aber die scheinbar zufällige Plazierung der Steine und die verschiedenen Farben, Formen und Höhen der Kräuter vermitteln ein Gefühl von Spontaneität. Man kann diesen Plan auf jedes Stück Land übertragen, gleich welche Ausmaße oder welche Form es hat. »Aber Kräuter sollten nicht nur auf den Kräutergarten beschränkt bleiben«, sagt Mr. Brookes. »Sie lassen sich auch gut in Blumenrabatten pflanzen.« Auch in Denmans stehen im ganzen Garten Kräuter zwischen Blumen und Sträuchern.

Dieser Kräutergarten ist nach einem
einfachen Gittersystem abwechselnd
mit Erde und viereckigen Platten ausgelegt. Stufen aus Eisenbahnschwellen schaffen verschiedene Ebenen.
John Brookes ist von Königskerzen
umgeben, die sich selbst ausgesät
haben (links).

Kräuter und Blumen (ganz oben links) wachsen zwischen und über die Pflastersteine. Die verschiedenen Farben der Kräuterblätter und Blüten (links) fügen sich in einem anderen Teil des Gartens zu einer harmonischen Einheit zusammen. Wie viele Wege, die sich durch den Garten schlängeln, ist auch dieser (oben) auf beiden Seiten von Königskerzen und Frauenmantel eingerahmt, die sich selbst in dem Kies ausgesät haben. Darunter: Aus Gründen der Bequemlichkeit zieht John Brookes verschiedene Kräuter in Töpfen.

An einer anderen Stelle (ganz oben) fügen sich
bronzefarbener Fenchel, Raute, Katzenminze und
Rosmarin zu einem eindrucksvollen Bild zusammen. Ringelblumen haben sich auf dem Weg selbst
ausgesät. Viele Pflanzen werden in Frühbeetkästen
im Arbeitstrakt des Gartens (darunter) angezogen.
Mohnblumen (oben rechts) wachsen um den Teich.
Ein anderer Weg (ganz rechts) wird eingerahmt
von buntgescktem Salbei, Minze und Wollziest.
Ein Terrakottatopf (rechts) enthält eine Sammlung
von Thymianrarietäten.

43

Eine Fülle gelber Blüten des Frauenmantels ergießt sich wie Schaum über den Weg an der obersten Stufe der Treppe, die verschiedene Ebenen des englischen Landhausgartens des Ehepaars Simmons verbindet.

EIN LANDHAUSGARTEN

Rund um Eyborne Manor, einem Haus aus dem frühen 15. Jahrhundert in Kent, wachsen in dem wunderschönen englischen Landhausgarten Rosen und Kräuter in Fülle. Als die jetzigen Besitzer, Sheila und Derek Simmons, damals das Haus kauften, an das mehrmals angebaut wurde und das jetzt stattliche Ausmaße hat, bestand das Grundstück nur aus einem Hühnerauslauf und einem Gemüsegarten mit Hügeln, die alte Sickergruben und zwei Brunnen markierten. Sie machten sich nun an die Aufgabe, den einfachen Gemüsegarten in den von ihnen gewünschten frei gestalteten Garten umzuwandeln.

Obgleich Mrs. Simmons sich selbst nur als eine Zufallsgärtnerin bezeichnet, beweist sie mit ihrer durchdachten Zusammenstellung von Formen und Farben und dem üppigen, aber nicht überladenen Aussehen ihres Gartens das genaue Gegenteil. Um den Garten interessanter zu gestalten, wurden rund um das Haus verschiedene Ebenen angelegt. Schlängelwege wurden gezogen und Steinstufen installiert, um den Abstand zwischen den Ebenen zu überbrücken.

»Lassen Sie sich nicht von Leuten beeinflussen, die behaupten, Kräuter seien langweilig«, sagt Mrs. Simmons. »Pflanzen mit leuchtenden Farben wie Goldmajoran und Pflanzen mit hübschen Blüten wie die rosa Lichtnelke, die anderen Nelken und der Frauenmantel setzen farbige Akzente. Die Menschen vergessen manchmal, daß die Kräuter Blüten haben.«

Die rechteckigen Beete in der Nähe des Hauses (links), von der Küche leicht zugänglich, sind mit Küchenkräutern gefüllt. Majoran (ganz oben) kriecht über eine Bank im Garten. Hinter dem Haus erreicht ein alter, aufrecht gewachsener Rosmarinbusch (Mitte), der in dem milden englischen Klima immergrün ist, das Fenster im zweiten Stock. Jüngere Rosmarinbüsche (darunter) rahmen einen geschützten Gartensitzplatz ein.

FREI GESTALTETE LANDSCHAFTSGÄRTEN

Im Süden Frankreichs verwendet der Landschaftsarchitekt Jean Mus duftende Kräuter, um frei gestaltete Landschaftsgärten zu schaffen, die mit der Umgebung eins zu sein scheinen. Obwohl er auch viele Gärten streng angelegt hat, sagt er: »Ich möchte einen natürlichen Anblick schaffen. Es macht mir Freude, etwas für einen anderen Menschen zu machen. Aber um einen guten Plan zu machen, muß zwischen dem Gartenbesitzer und mir ein Gefühl der Vertrautheit bestehen. Ich esse gern einige Male mit ihm, um mir darüber klar zu werden, was er mag, was er nicht mag und wie er lebt. Ich durchstreife das Gelände, erforsche seine Lage und die Beschaffenheit des Bodens und stelle fest, aus welcher Richtung meistens der Wind kommt. Dann ziehe ich mich zurück und überlege, bevor ich den Gesamtplan entwerfe.« Zuerst zieht er die natürlichen Gegebenheiten des Geländes in Betracht, dann erst seine eigenen Vorstellungen und die seines Kunden. »Wenn die Vorstellungen sehr verschieden sind, ist es problematisch«, sagt er.

Jean findet, daß die ruhigen Farben und interessanten Formen der Kräuter perfekt zur natürlichen Landschaft passen. Da die meisten Kräuter, die er verwendet, dieselben Ansprüche an den Boden stellen wie die dort schon vorhandenen Pflanzen, gedeihen sie gut zusammen und stellen dem Gärtner wenige Probleme. Die geringe Pflege ist ein großer Vorteil für seine Kunden, von denen sich viele nur zu bestimmten Jahreszeiten oder in den Ferien dort aufhalten.

Ein Lavendelmeer, durchsetzt mit blaßgrünen Olivenbäumen auf dem Rasen eines Schlosses in der Nähe von Cannes, ist ein spektakuläres Beispiel dafür, wie Kräuter in der Landschaft verwendet werden können.

Jean Mus (oben) glaubt, daß ihn seine Verbunden-
heit mit der Provence dazu befähigt, Gärten mit
einem besonderen Bezug zu dieser Landschaft zu
entwerfen. In seinen Gärten gibt es keine konven-
tionellen Rabatten, sondern wellenförmig ange-
legte Randbeete, die in die Landschaft hineinflie-
ßen und mit den Kräutern bepflanzt sind, die
auch wild auf den Hügeln wachsen. Kräftige Thy-
mianbüsche ziehen die Wellenlinien eines Rand-
beetes nach, das sich um eine Reihe alter Oliven-
bäume schlängelt (Seite 48 ganz links). Lavendel
(links) wächst in Fülle auf einem anderen Beet.
Thymian, Rosmarin und Lavendel sind zusammen
in ein Beet (unten) gepflanzt. Silberartemisien
(Seite 48 oben rechts) werden von Jean Mus auch
als Landschaftspflanzen verwendet. Verschiedene
Varietäten von Rosmarin (darunter) fassen Wege
ein oder hängen über Steinmauern.

EIN LANDSCHAFTSGARTEN
IN NEUENGLAND

Kräuter sind die Basis der ganz natürlich wirkenden Landschaftsgärten, die der Landschaftsarchitekt Steven Levine in Neuengl-
and entwirft. Er verwendet Kräuter wie Thymian, Schafgarbe,
Königskerze und Artemisie zusammen mit eßbaren Pflanzen wie Blau-
beeren und Erdbeeren, weil sie schön aussehen, schnell wachsen,
widerstandsfähig gegen Trockenheit und ausreichend winterfest sind,
um die kalten Winter in Neuengland zu überstehen. Die Kräuter sind so
in die Landschaft integriert, als ob sie dort natürlich gewachsen wären,
aber Steve hat einen genauen Plan entworfen, um schöne Gruppen von
Farben und Formen zu schaffen, die sich frei entwickeln können.

*Kriechender Thymian und Sedum fas-
sen den Eingang zu einem Haus in
Neuengland ein.*

*Rechts: Rosa und gelbe Schafgarben
und silbrige Artemisien wurden zusammen mit anderen Pflanzen der
Gegend verwendet, um eine natürlich
erscheinende Landschaft auf dem Hügel hinter dem Haus zu schaffen.*

EIN KALIFORNISCHER HÜGELHANG

Für die bekannte Kräuterspezialistin Norma Jean Lathrop und ihren Mann Bill war die Bepflanzung des Hügels hinter ihrem Haus mit Kräutern eine ganz natürliche Lösung. Das steile Terrain brauchte Pflanzen, die die Erde festhielten, und eine Terrassierung war auch notwendig.

Als Bill Lathrop, ein erfahrener Gärtner, realisierte, daß sich Kräuter wunderbar für Landschaftsgärten eignen, wurde sein Interesse daran geweckt. Da die Lathrops im Süden Kaliforniens leben, wo Rosmarin und Lavendel immergrün sind, konnten sie diese für die Grundbepflanzung ihres Gartens verwenden. Wege und Stufen, die die verschiedenen Ebenen verbinden, wurden damit eingefaßt, und ihr Duft erfreut den Gartenbesucher. Die aus Eisenbahnschwellen gebauten Terrassen

sind mit einer Vielfalt von Kräutern bepflanzt, die Norma Jean für duftende Kräutermischungen und Kränze, Kosmetika und Hautcremes, Kräutertees und vielerlei Rezepte erntet.

Rosmarin und Lavendel, beide in Kalifornien immergrün, betten die Treppe ein, die zum Teehaus im obersten Teil des Gartens führt.

51

TRADITIONELL GESTALTETE GÄRTEN

Wenn Sie einen Sinn für Ordnung haben, dann sollten Sie einen traditionell gestalteten Kräutergarten anlegen, in dem Beete in geometrischen Formen symmetrisch angeordnet sind. Gemeint sind die ordentlich bepflanzten Gärten — vom einfachen Klostergarten bis hin zu eleganten französischen Blumenbeeten, den sogenannten *Parterres* —, die in mittelalterlichen Manuskripten abgebildet sind. Dort trennten Wege, die die Planung des Gartens deutlich machten, die Beete voneinander, und oft bildete eine Sonnenuhr oder ein Brunnen den Mittelpunkt. Auch die Kräuter wurden ordentlich, nach einem bestimmten Muster und weit genug auseinander gepflanzt, damit sie, selbst wenn sie sich voll entwickelt hatten, immer noch als verschiedene Pflanzen erkennbar waren.

Wenn Ihr Garten ganz streng gestaltet sein soll, dann richten Sie sich nach folgenden Anweisungen: Die Beete müssen scharf abgegrenzt sein und die Pflanzen immer zurechtgeschnitten werden. Auch sollten Sie nur Pflanzen verwenden, die ordentlich wachsen und nicht wuchern. Wenn Sie zu einem etwas ungezwungeneren Aussehen tendieren, dann sollte Ihr Garten trotzdem nach strengen Prinzipien angelegt werden, aber alle anderen Elemente können variieren. Ersetzen Sie die traditionelleren Ziegelsteine der Wege und Mauern durch Steine aus der Gegend; verwenden Sie statt einer niedrigen Kräuterhecke Bretter zur Abgrenzung Ihrer Beete; oder stellen Sie in die Mitte Ihres Gartens statt einer Sonnenuhr ein Vogelhaus oder einen Bienenkorb. Pflanzen Sie reichlich, das heißt, setzen Sie die Kräuter in den einzelnen Abschnitten so dicht zusammen, daß sie — wie in einem frei gestalteten Garten — eine prachtvolle harmonische Einheit bilden, und lassen Sie sie über die Ränder wachsen und sich ausbreiten, damit sie auf diese Weise die scharfen Konturen des Plans verwischen können.

Ihr traditionell gestalteter Garten kann schlicht oder üppig, groß oder klein sein. Sie können ihn nur mit Kräutern bepflanzen oder wie bei einem streng gestalteten Küchengarten — dem sogenannten *potager* — nach einem säuberlichen Muster Kräuter, Blumen und Gemüse anbauen. Ihr Garten kann ganz versteckt hinter einer hohen Ziegelmauer liegen oder einfach von einem Holzzaun umgeben sein. Die Bepflanzung kann abgezirkelt und ordentlich oder voller Überschwang sein. Für welchen Stil Sie sich auch entscheiden, er sollte Ihren Bedürfnissen und Vorstellungen entsprechen.

Wilde Stiefmütterchen (oben rechts) wachsen in den Blumenkästen an einem der Sommerhäuschen hinter einem Haus in Nantucket. Süß duftende Rosen (rechts) klettern über das Dach des Hauses. Durch einen Rosenbogen (ganz rechts) blickt man auf einen ›Shakespeare-Garten‹.

HULDIGUNG AN SHAKESPEARE

In Fair Gardens, einem Gästehaus auf Nantucket Island, genießen die Feriengäste ihren Morgenkaffee in einem herrlichen ›Shakespeare-Garten‹ zwischen duftenden Kräutern und Blumen. Der Garten ist das Ergebnis einer glücklichen Zusammenarbeit zwischen der Besitzerin Claire Murray, die in ihrem Garten alle Kräuter und Blumen haben wollte, die bei Shakespeare erwähnt werden, und Betsy Williams, einer Pflanzenkennerin aus Massachusetts, die ihr bei der Planung geholfen hat.

Betsy begann mit der Auflistung aller Kräuter und Blumen, die man hätte pflanzen können. Claire suchte dann unter den Pflanzen, die für das Klima der Insel am besten geeignet schienen, diejenigen aus, die ihr am besten gefielen. Die Auswahl umfaßte verschiedene Thymiansorten, Lavendel, Raute, Petersilie, Madonnenlilien, Akelei und einige englische Maßliebchen, die das Klima der Insel so gut vertragen, daß sie sich überall ausgesät haben.

Die Anlage des Gartens basierte auf einem klassischen Elisabethanischen Entwurf mit erhöhten Beeten statt pflegeintensiver Buchseinfassungen. Wie alle Gärten verändert sich auch dieser Garten im Laufe der Jahre, da Pflanzen absterben und ersetzt werden. Betsy, die ein eigenes Geschäft mit Kräutern betreibt, die sie zu wunderbaren Kränzen und Hochzeitsdekorationen verarbeitet, ist der Meinung, daß ein Garten wie dieser vieler Untersuchungen und Überlegungen bedarf, bevor der endgültige Plan gemacht wird und man zu graben beginnt.

Ein frei gestalteter Plan ist für einen unerfahrenen Gärtner, der zum ersten Mal einen Kräutergarten anlegt, am leichtesten. »Er muß möglichst einfach sein«, sagt sie. »Auf diese Weise können Sie die einzelne Pflanze besser schätzen lernen, und auch die Pflege des Gartens fällt nicht so schwer. Machen Sie sich nicht so viele Probleme mit der Planung. Ein frei gestalteter Garten entwickelt sich allmählich. Wenn ich Pflanzen geschenkt bekomme, was oft vorkommt, kläre ich zunächst, welche Bedürfnisse sie haben, und setze sie dann an die geeignete Stelle. Dann halte ich Ausschau nach Begleitpflanzen, die dieselben Bedingungen mögen, und plötzlich habe ich ein neues Beet.«

Die Sonnenuhr aus Terrakotta (links oben) ist von Thymian umgeben. Ein Blick in den Garten (oben) macht deutlich, wie die Backsteinwege den Gartenplan bestimmen. Von den typischen Nantucket-Häusern umgeben (links unten) liegt der Garten versteckt hinter einer hohen Hecke, von der Straße getrennt. Ein Fingerhut (links) ist eine der Kräuterblumen, die in dem englischen Garten in der Nähe des Hauses wachsen.

55

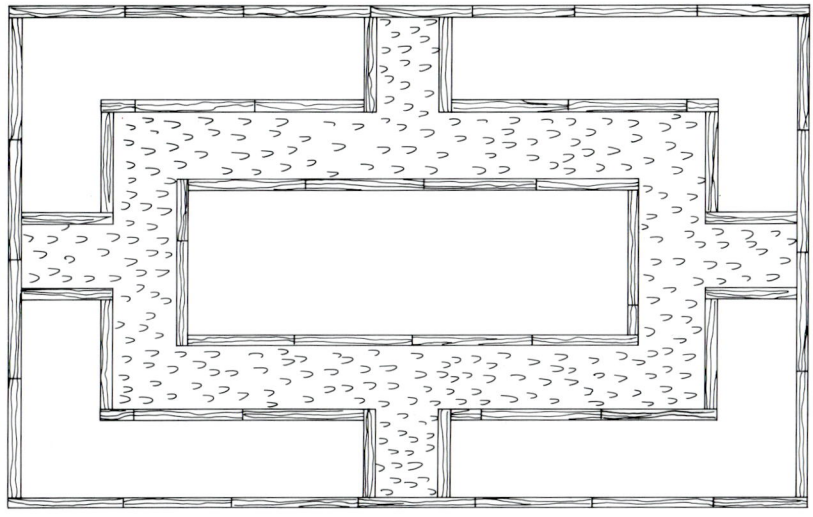

Im Garten der Jacominis (links) wird das Unkraut auf den Gartenwegen mit einer dicken Schicht Holzspänen, die auf einer schweren Plastikfolie liegen, unter Kontrolle gehalten. Ein Kaninchen aus Holz (oben links) markiert statt der traditionellen Sonnenuhr den Mittelpunkt des Gartens. Rosa Petunien (oben rechts) scheinen noch kräftiger in der Farbe zu sein, wenn sie neben graue Heiligenblumen gepflanzt werden. Der symmetrische Plan schafft viel Platz für Kräuter, Blumen und Gemüse.

EIN GARTEN AUF EINER FARM IN TEXAS

Die Pflege eines Kräutergartens in Texas ist nicht einfach. Die heiße texanische Sonne erreicht oft Temperaturen bis zu 40° C im Sommer. Trockenperioden sind an der Tagesordnung, Gürteltiere graben die Pflanzen aus, und große Heuschrecken fressen alles auf.

Aber die Innenarchitektin Beverly Jacomini wollte unbedingt einen Garten haben, in dem sie Kräuter, Blumen und Gemüse anpflanzen konnte, so daß sie sich trotz allem in ihrem Wochenendrefugium, einem alten texanischen Farmhaus auf dem halben Weg zwischen Houston und Austin, an diese Aufgabe wagte. Ursprünglich war der Garten nur ein großes Rechteck (ca. 11 × 16 m) mit Reihen von Beeten. Für Beverly war die Pflege des großen Grundstücks am Wochenende zu anstrengend, also unterteilte sie es mit Hilfe einer örtlichen Gärtnerei in fünf Beete, die durch Wege getrennt und mit Eisenbahnschwellen eingefaßt wurden.

Da sich die Gärtnerei in der Hauptsache auf einheimische texanische Pflanzen beschränkt, half sie Beverly bei der Auswahl der Kräuter, Blumen und Gemüse, die am besten in der heißen Texassonne wachsen. Wo es notwendig war, wurde der Boden gemulcht und die obere Erdschicht erneuert, bevor die Pflanzen eingesetzt wurden. Eine Nachbarin half bei der Bewässerung, wenn Beverly nicht da war, was in diesem heißen, trockenen Klima fast täglich notwendig ist.

Nun bietet der unglaublich üppige Garten einen lieblichen Anblick aus dem Küchenfenster. Er liefert die Gewürzkräuter für Essig und eingelegte Gemüse, die Beverly gerne zubereitet, und Blumen für Haus, Büro und Freunde. »Es macht mir wirklich Spaß, Kräuter und Blumen zu Sträußen zusammenzustellen«, sagt Beverly. »Zwei meiner bevorzugten Kombinationen sind Rosen mit Minze und Basilikum mit wilden Blumen. Sie verbreiten im ganzen Haus einen frischen Duft.«

Der klar umrissene Gartenplan (ganz links) bildet einen Kontrast zu den dahinterliegenden freien Feldern. Seine Farben und Düfte kann man auf der Terrasse genießen (oben links). Blumen und Gemüse sind mit Kräutern zusammengepflanzt (oben rechts). Beverlys mit Kräutern gewürzte, eingemachte und sauer eingelegte Gemüse und Essigsorten (links) sind in einem alten Schrank ausgestellt. Das Farmhaus (rechts) liegt in den weiten Feldern mit wildem Mohn und Texaslupinen.

Verwitterte Holzzäune, Bänke und
zwanglose Bepflanzung verleihen
dem traditionell gestalteten Kräutergarten der Carters eine zwanglose
Atmosphäre.

EIN FAMILIENGARTEN IN VIRGINIA

Es brauchte lange Zeit, bis Pat Carter den Garten bekam, den sie schon immer gewollt hatte. Für eine Mutter mit neun Kindern war wenig Zeit für Hobbies. Entweder der Garten oder die Familie wäre zu kurz gekommen. Aber als die Kinder älter wurden und weniger Zeit in Anspruch nahmen, entstand ganz allmählich neben dem Tidewater-Farmhaus der Familie Carter aus dem späten 17. Jahrhundert ein Garten, der von den streng gehaltenen Gemüsegärten am Mount Vernon, wo George Washington wohnte, inspiriert war.

Der Garten, der genau vor den Küchenfenstern liegt, war ursprünglich mit Gemüsen bepflanzt, aber als Pat das Tomatenbeet mit Schnittlauch eingefaßt hatte, begannen sich die Kräuter auszubreiten. »Ich kaufte einen großen Haufen«, erinnert sie sich. »Da ich noch keine Erfahrung hatte, teilte ich die große Pflanze in 150 kleine Zwiebeln, die ich einzeln um die Tomaten herum pflanzte. Ich war ganz begeistert, wie schnell sie wuchsen und wie schön sie waren, und so begann ich wie eine Wilde die verschiedensten Kräuterarten für meinen Garten zu sammeln.« Bald hatten die Kräuter das Gemüse vollständig verdrängt. Heute ist die Bepflanzung innerhalb der Beete eher zufällig. Einige Beete sind mit Buchs eingefaßt, andere wiederum mit Zäunen oder mit einfachen Brettern. Der Inhalt der Beete ändert sich ständig. »Wir haben festgestellt, daß wir manche Kräuter nicht auf Dauer an derselben Stelle stehenlassen können, weil sie den Boden auslaugen.«

Zwei Beete in dem Garten sind mit einjährigem Salbei eingefaßt und ausschließlich mit Salbeisorten gefüllt (links), darunter rotblättriger, gescheckter, Ananas-, Muskateller- und Gartensalbei. Fingerhüte (oben links) verleihen dem Garten im Frühling Farbe. Weitere Kräuter und Gemüse werden in einem kleinen Arbeitsgarten (oben rechts) gezogen, bei einem der freistehenden Nebengebäude, wie sie in Virginia üblich sind. Der Gartenplan (unten) ist Mount Vernon nachempfunden.

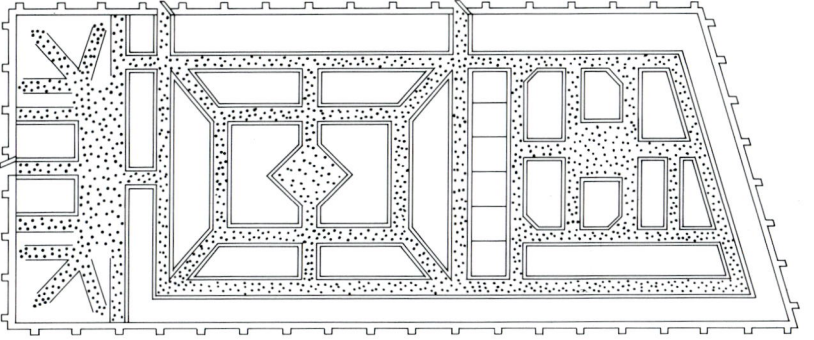

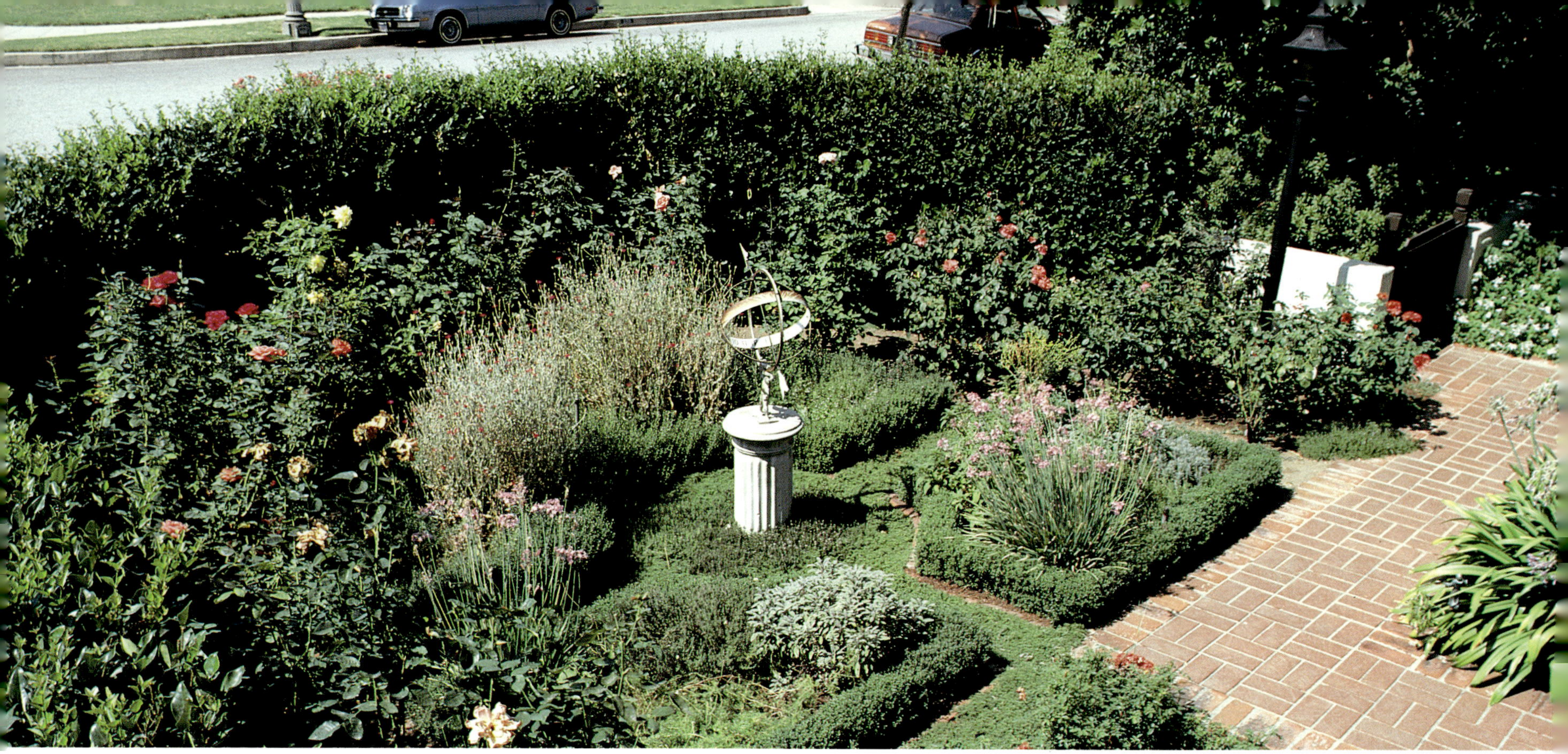

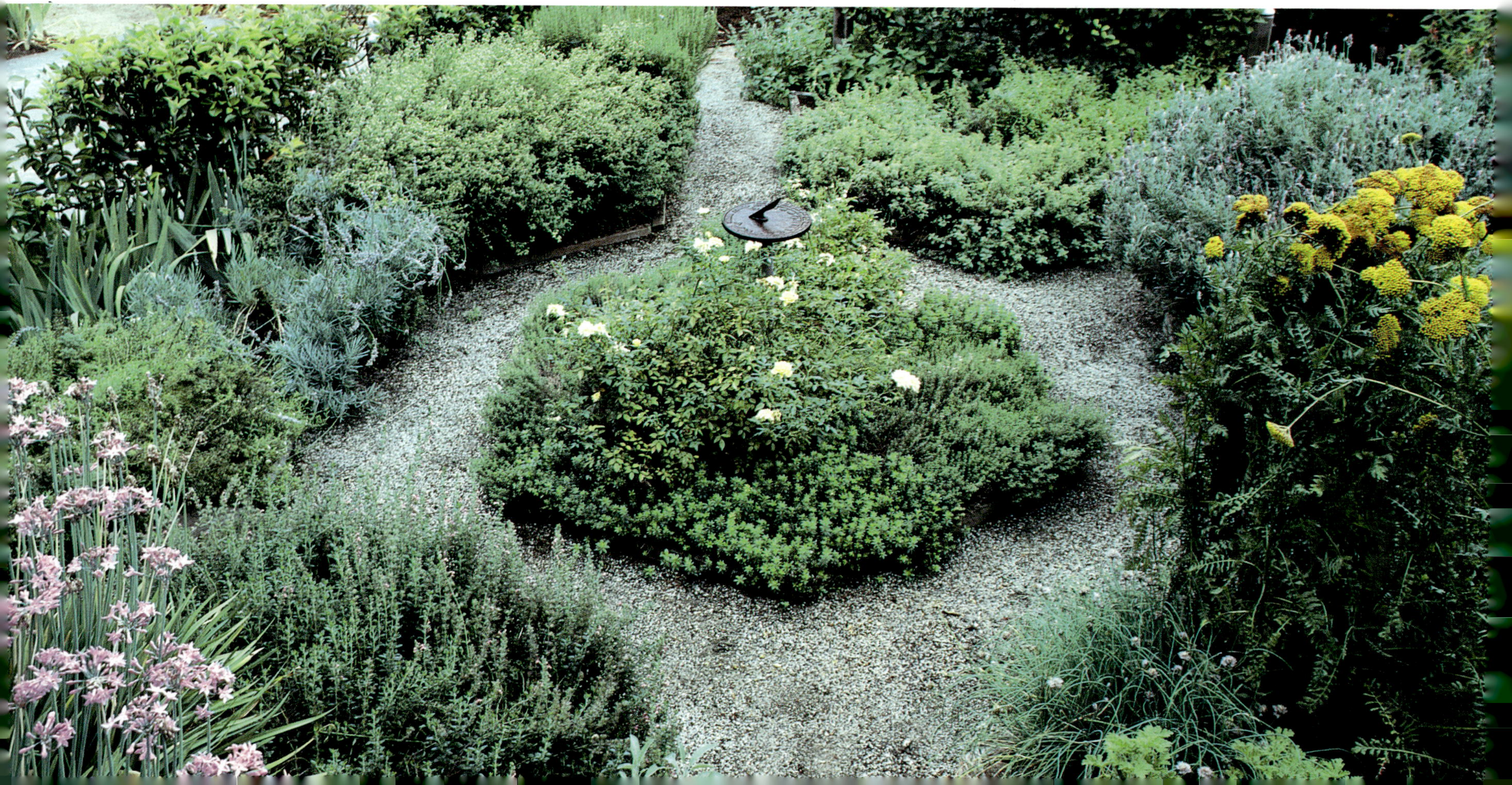

EIN KRÄUTERGARTEN
IN KALIFORNIEN

I n Kalifornien muß ein Gärtner früh aufstehen«, sagt Margaret O'Neill. »Die ganze Arbeit muß vor acht Uhr morgens getan sein, später wird es glühend heiß. Außerdem muß man die Gartenarbeit auch gerne tun, denn das Klima verlangt im Gegensatz zu kühleren Gegenden mit Wintermonaten, daß man das ganze Jahr über im Garten tätig ist. Die einzige Ruhepause hat man in Kalifornien im August und in den ersten zwei Wochen im September, wenn es so heiß ist, daß man nichts anpflanzen kann und die Pflanzen nur ständig wässern muß, damit sie nicht verwelken.«

Margarets erster Kräutergarten bestand aus einer Sammlung von Küchenkräutern in Töpfen. Als sie und ihr Mann das Haus umbauten, beschloß sie, einen eigenen Garten für Kräuter anzulegen. Inzwischen liebt sie besonders duftende Arten und sucht nach ihnen, wenn sie neue Pflanzen für ihren Garten auswählt. »Die Hitze nimmt ihnen viel Duft«, sagt sie, »deshalb freue ich mich an den Pflanzen in den frühen Morgenstunden oder am Abend, wenn die Luftfeuchtigkeit ihre süßen Düfte hervorzaubert.«

Eine andere Kalifornierin, Tally Ransing, gibt ihren Freunden folgenden Rat: »Legen Sie Ihren Garten so an, daß er überall vom Gartensprenger gewässert werden kann, und graben Sie eine Menge Kompost unter, wenn möglich zweimal, bevor Sie pflanzen. Suchen Sie dann die Pflanzen aus, die Sie verwenden wollen.«

Bevor Tally ihren eigenen Garten bepflanzte, leistete sie eine Menge Vorarbeit. Der Garten wurde in geradlinige Abschnitte unterteilt, damit er problemlos mit Holzbrettern eingefaßt werden konnte. Die Form der Beete war aber nicht einfach quadratisch, sondern so entworfen, daß die Wege dazwischen ein Zickzack bildeten und der Hund der Familie nicht blindlings durch den Garten rasen und die Pflanzen beschädigen konnte.

Tally hat ein System für eine mühelose Gartenpflege entwickelt. Das häufige Wässern wird automatisch mit dem Sprenger erledigt. »Ich habe kein Unkraut«, sagt sie. »Das kommt von dem kräftigen Mulchen, das ich von meiner Mutter, einer perfekten Gärtnerin, gelernt habe. Einmal in der Woche bearbeite ich den Boden trotzdem, weil er auch mit dem Sand, den wir beim Pflanzen untergearbeitet haben, leicht schwer wird.« Die Pflanzen erhalten ihre Nahrung aus dem Pilzkompost, der bei einem Pilzzüchter in der Nähe abfällt. »Die Kräuter scheinen ihn besonders zu lieben«, sagt Tally. Den notwendigen Dünger bekommt sie von einer nahegelegenen Rennbahn.

Der Garten der O'Neills (links oben), für die Straße durch eine gebogene Mauer und Hecke verdeckt, hat niedrige Gamanderhecken rund um die Beete; Thymian überwächst den Backsteinweg. Die klassische Sonnenuhr (oben) ist von verschiedenen Thymianvarietäten umgeben. Graue Kieswege prägen die Gestalt des Gartens der Ransings (links unten). Der Gartenplan stammt von Mr. Ransing.

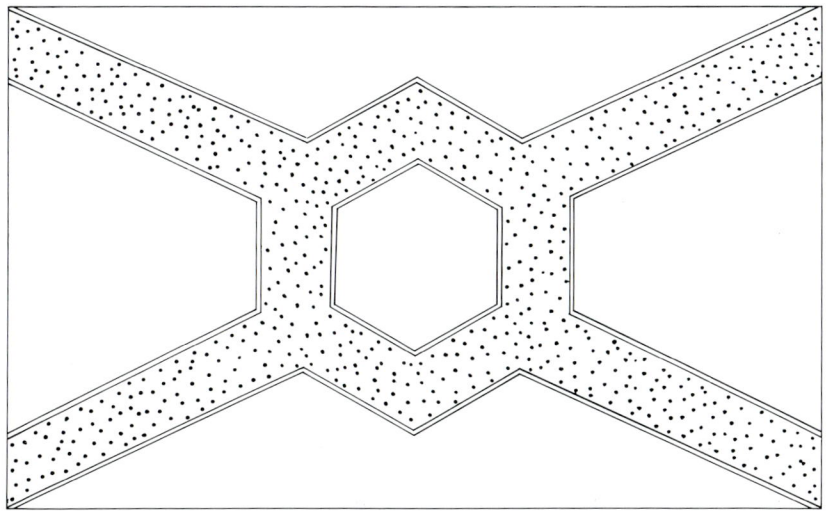

EIN STRENGER PLAN, FREI GESTALTET

Der Innenarchitekt Robert K. Lewis liebt alte Häuser. Schon als Elfjähriger hatte er sein Zimmer mit einem Wandgemälde von Häusern aus dem benachbarten Alexandria (Virginia) dekoriert, die er sorgfältig abgezeichnet hatte. Aber er interessiert sich auch — wie seine Frau Joy — für Gärten; als sie ihr erstes Haus auf Long Island kauften, waren sie halb mit ihrem Haus und halb mit der Planung und Bepflanzung eines Kräutergartens beschäftigt. »Ich liebe streng geometrische Entwürfe, die dann frei bepflanzt werden«, sagt Robert, der damit eine genaue Beschreibung seines eigenen Gartens gibt.

Der Plan des Gartens beruht auf geraden Ziegelwegen, die an zwei diamantförmigen Kreuzungen durch Buchskugeln unterbrochen werden. Die Ziegel bekommen Halt durch ein Metallband, das an den äußeren Rändern der Wege entlangläuft. Junge Buchsbaumhecken, mit denen die Beete eingefaßt sind, und die bis zu 90 cm hoch werden können, geben den frei verteilten Pflanzen ein Gerüst. Sogar im Winter vermitteln der Buchs und die Ziegelwege einen streng graphischen,

sehr schönen Eindruck von den oberen Fenstern des Hauses aus. Um einen zusätzlichen Blickpunkt zu schaffen, baute Bob einen Trockenschuppen hinter dem Garten mit einer anschließenden Laube. Sie bietet ein schattiges Plätzchen für die warmen Sommermonate.

Robert bezieht oft getrocknete Kräuterbündel in seine innenarchitektonische Arbeit ein. »Es ist erstaunlich, wie gut sie sogar in ganz funktionale Edelstahlküchen passen«, sagt er. Die Lewis' kochen auch mit Kräutern. Auf Seite 198 finden Sie ein Beispiel ihrer Kochkunst.

Kräuter, alte Rosensorten und ein paar Blumen sind in dem Kräutergarten der Lewis' (oben) frei kombiniert. Der Trockenschuppen soll dem Garten einen zusätzlichen Akzent geben und dient auch als Arbeitsraum.

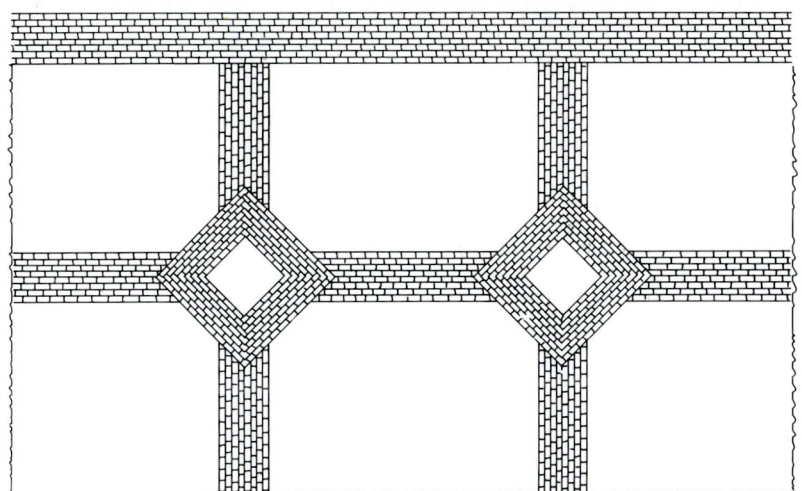

Das Muster der Backsteinwege (links) unterstreicht die Diamantformen des Gartens. Kapuzinerkresse (oben) quillt über die Wege. Bob Lewis liebt es, wenn wilde Stiefmütterchen und Steinkraut hier und da zwischen den Steinen herauswachsen (rechts). Der Gartenplan ist einfach, aber von graphischer Wirkung.

65

Alte bemalte Möbel (ganz links) dienen im Schuppen zur Aufbewahrung
und als Arbeitsplatz. Hier stellt Bob
auch seine Kräuter- und Blumenbouquets (links) zusammen. Im Garten
blühen Wiesenrauten (oben). Ein
Bündel aromatischer Kräuter hängt
an der Tür zum Schuppen.

67

EIN GARTEN IM KOLONIALSTIL

An meinem Haus wird seit dem 18. Jahrhundert weitergebaut, und ich wollte, daß auch mein Garten das Gefühl dieser Zeit widerspiegelt«, sagt Elizabeth Keith. Ihren Garten in Connecticut, den sie im Kolonialstil mit einer Mischung aus Kräutern, Gemüsen und Blumen bepflanzt hat, paßt sehr gut zum Stil des Hauses.

Mrs. Keith hat während des Zweiten Weltkrieges mit dem Gärtnern begonnen. Aber trotz ihrer langjährigen Erfahrung bat sie den Gartenarchitekten Rudy Favretti bei der Planung dieses Gartens um Hilfe. Ein Kreis von Küchenkräutern bildet den Mittelpunkt, der von inneren Viertelkreisen, bepflanzt mit Gemüsen, und äußeren Viertelkreisen, bepflanzt mit mehrjährigen und einjährigen Blumen, umgeben ist. Obstbäume wachsen direkt hinter dem Zaun. Der Taubenschlag im Zentrum und die beiden Bänke auf zwei gegenüberliegenden Seiten des Garten, die unter Rundbögen stehen, die mit Wein und Rosen bewachsen sind, verleihen dem Garten eine persönliche Note.

Mrs. Keith trocknet auch Kräuter und Blumen, um ihr Haus mit Sträußen im traditionellen Stil schmücken zu können. Ein großer Teil der Ernte kommt in die Tiefkühltruhe oder wird zu Marmeladen und Gelees verarbeitet.

Ein schön geformtes Holztor (oben) fügt sich elegant in die steinerne Gartenmauer. Hochstammrosen markieren die vier Ecken von Mrs. Keiths Garten im Kolonialstil (rechts), ein Kranz von Kräutern umgibt den Taubenschlag in der Mitte.

68

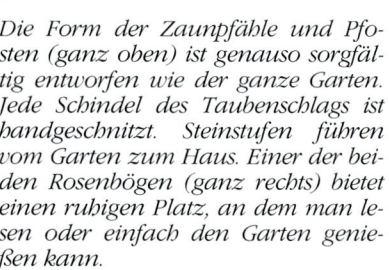

Die Form der Zaunpfähle und Pfosten (ganz oben) ist genauso sorgfältig entworfen wie der ganze Garten. Jede Schindel des Taubenschlags ist handgeschnitzt. Steinstufen führen vom Garten zum Haus. Einer der beiden Rosenbögen (ganz rechts) bietet einen ruhigen Platz, an dem man lesen oder einfach den Garten genießen kann.

EIN KRÄUTERPFAD

S andy Greig erwarb ihre Kräuterkenntnisse von ihrer ersten Wirtin, die Fenchel, Petersilie und Origano für ihre Küche zog. Nachdem sie einige Erfahrungen beim Kochen mit Kräutern gesammelt hatte, wollte sie noch mehr kennenlernen und ausprobieren, und das führte schließlich dazu, daß sie heute selbst eine Kräuterfarm in Red Hock im Norden von New York City betreibt.

Sandys 14 verschiedene kleine Gärten liegen an einem Kräuterpfad, der für jedermann offen ist. Andere Kräuter wachsen noch auf den Feldern und werden zu Kräutermischungen, Kränzen, Tees und anderen Produkten verwendet, die Sandy in ihrem kleinen Laden verkauft. Erfrischende Kräutertees (siehe Seite 228) und Kräuterköstlichkeiten wie Zitronenmelissencreme und Ananas-Salbei-Nußschnitten werden im Teeraum oder auf der Aussichtsterrasse in der Nähe des Kräuterpfades serviert.

Aufgrund ihrer eigenen Erfahrungen rät Sandy anderen, »sich klar zu werden, wieviel Zeit Sie für die Pflege des Gartens aufbringen wollen. Legen Sie dann eine Skizze des Geländes an, das Sie bepflanzen wollen. Beginnen Sie in der Mitte und arbeiten Sie sich langsam nach außen vor.« Um den Garten von Krankheiten und Ungeziefer freizuhalten, schneidet Sandy sofort alles aus, was krank ist, sammelt Käfer und alles Ungeziefer mit den Händen ab und wirft sie in einen mit Benzin gefüllten Behälter.

In dem Sammlergarten (oben links) teilen silbrige Artemisien ihren Platz mit Ysop und Lavendel. Der Kräuterweg beginnt in dem Garten im Kolonialstil (oben rechts), der Kräuter enthält, die schon unsere Vorfahren verwendeten. Majoran (Mitte links) und Waliser Zwiebeln (daneben) wachsen im Küchengarten. Einfache Knotenmuster (links) begrenzen einen Weg. Gamander wurde für das Knotenmuster ausgewählt, weil er das ganze Jahr über grün bleibt. Die Rosmarinpflanzen stehen in Töpfen, so daß sie ausgegraben und während eines kalten Winters ins Haus genommen werden können.

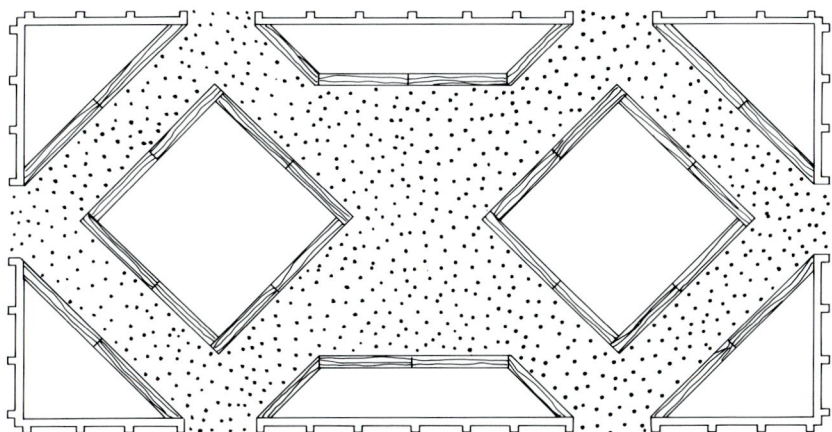

Sandy Grieg (links) pflückt Färberkamille. Der neu bepflanzte Knotengarten (unten) ist so einfach, daß ihn fast jeder Gärtner nachbilden kann. Seine graphischen Linien sind mit Gamander, Heiligenblumen und Lavendel gezogen. Thymian in voller Blüte (ganz unten) quillt über die hölzerne Beeteinfassung im Küchengarten.

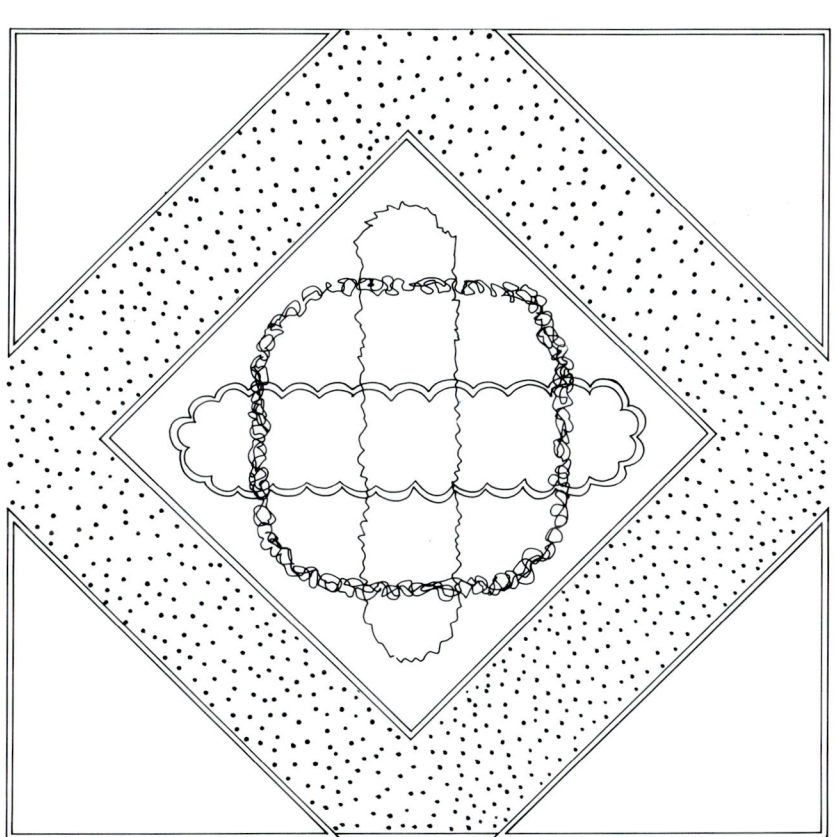

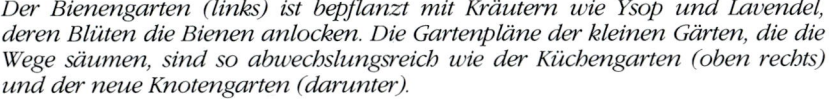

Der Bienengarten (links) ist bepflanzt mit Kräutern wie Ysop und Lavendel, deren Blüten die Bienen anlocken. Die Gartenpläne der kleinen Gärten, die die Wege säumen, sind so abwechslungsreich wie der Küchengarten (oben rechts) und der neue Knotengarten (darunter).

Die Blüten von Raute, Heiligenblume, Nachtkerze und Frauenmantel kontrastieren mit der grauen Artemisie und dem dunkelvioletten Lavendel.

Jill Davies (links oben) prüft ihre Nachtkerzen. Die blühende Raute (links unten) ist genauso farbenprächtig wie jede mehrjährige Staude. Mit gebogenen Ästen (links) entstand ein ovales Fenchelbeet.

KRÄUTER AUS THORNHAM

Als Jill Davies, eine junge englische Pflanzenkennerin, hörte, daß der Garten in Thornham (Suffolk) zum Verkauf stünde, beschloß sie, ihr eigenes Geschäft aufzumachen. Der frühere Küchengarten, umgeben von einer alten Backsteinmauer aus dem Jahre 1750, war seit dem Zweiten Weltkrieg völlig verwahrlost. Jill und ihr Mann brachten das Grundstück in Ordnung und begannen mit der Bepflanzung mit Kräutern, die zur Verarbeitung bestimmt waren, sowie mit der Anlage und Bepflanzung verschiedener anderer Kräutergartenabteilungen.

Jill, in Kräutermedizin geschult, stellt Hautcremes, Haarpflegemittel und Tees her, die Entspannung und guten Schlaf herbeiführen oder nach einem anstrengenden Tag erfrischen. Sie verwendet Kräuter auch zur Heilung von kleineren Verletzungen — *Aloe vera* zum Beispiel zur Behandlung von Verbrennungen und Schnittwunden — oder als vorbeugendes Heilmittel.

75

DER GARTEN EINER EXPERTIN

Rosemary Verey gibt in ihren Büchern über das Gärtnern die Kenntnisse weiter, die sie bei der Planung und Bepflanzung ihres vier Morgen großen Grundstücks rund um ihr schönes altes Steinhaus in den Cotswolds in England erworben hat. Die Gärten haben sich seit dem Jahr 1960 immer weiter entwickelt. »Es ist sehr schwierig, einen Garten im Ganzen zu planen«, sagt sie. Sie meint, daß jeder Gartenbereich fließend in den nächsten übergehen und dennoch einen Wechsel der Stimmung widerspiegeln sollte. Sie rät auch, Durchblicke zu schaffen, um das Auge zu fesseln. »Und ein Garten sollte sowohl im Winter als auch im Sommer interessant aussehen«, fügt sie hinzu.

Um einen Garten für alle vier Jahreszeiten zu schaffen, darf man sich nicht nur auf blühende Pflanzen stützen. Nach Mrs. Verey sind Bäume das Rückgrat des Gartens. Dann kommen immergrüne Pflanzen, die interessante Formen bilden, und Sträucher. Früh blühende Bäume, besonders duftende Arten wie zum Beispiel die Zauberhasel, sind auch wichtig, da ihr Duft an kalten Tagen an warme Sommertage erinnert.

In Barnsley House sind die Küchenkräuter in zwei Beeten zusammengefaßt, die mit niedrigen Buchshecken in Diamant- oder Dreieckformen unterteilt werden. Fialen aus Buchs schmücken die Enden. Obwohl die Beete streng angelegt sind, geben einige Kräuter — wie die langen Stengel von Liebstöckel — dem Küchengarten ein mehr ungezwungenes Aussehen.

Eine der letzten Ergänzungen in Mrs. Vereys Garten ist ein bezaubernder und nützlicher *potager,* eine dichte Pflanzung von Kräutern, Gemüsen und Blumen. Der Garten besteht aus vier Quadraten, von denen jedes einzelne sein eigenes symmetrisches Innenmuster hat. Die Pläne dafür hat Mrs. Verey in Büchern des frühen 17. Jahrhunderts gefunden.

Obwohl Mrs. Verey eine sorgfältige Planung des Gartens für notwendig hält, liebt sie auch Überraschungen. »Ich mag die Zufälle im Garten«, sagt sie. »Wenn eine Pflanze eingeht und dadurch freier Platz entsteht, dann pflanzen Sie doch etwas anderes an ihre Stelle.«

Die langen, schmalen Spitzen der Königskerzen unterstreichen die Schönheit des schmiedeeisernen Tors, das den Blick auf den Tempel (oben) einrahmt.

76

Links: Buchsfialen schmücken die Enden des streng gestalteten Kräutergartens, der den Weg zu Mrs. Vereys Küchentür einfaßt. Sie entwarf die traditionellen Gamander- und Buchsknoten (ganz oben), um »das Haus einzurahmen und im Winter und Sommer ein interessantes graphisches Bild zu schaffen«. Ein von Charles Verey entworfener Gartenstuhl (oben) steht geschützt in einer Weinlaube am Ende des Gemüsegartens. Ein reich bepflanztes Faß auf der Terrasse (daneben) ist von Frauenmantel umgeben, der sich dort selbst ausgesät hat. Der sorgfältig gepflasterte Weg im potager (rechts) ist breit genug für eine Schubkarre und mit Lavendel eingefaßt, um die Bienen anzulocken.

EIN DUFTGARTEN IN ALDERLEY

Ich versuchte, einen Kräutergarten nach einem strengen Entwurf zu gestalten«, sagt Guy Acloque. Es gelang ihm vortrefflich. Die Gärten in Alderley Grange (Gloucestershire) sind nicht nur schön. Sie düften auch, und einen großen Teil ihres Reizes machen die aromatischen Kräuter aus.

Mr. Acloque verfolgt seine Faszination für Kräuter und duftende Pflanzen bis zurück in seine frühe Kindheit in den 40er Jahren, als er neben Eleanor Sinclair-Rhode wohnte, »die einen wundervoll duftenden Garten besaß und auch viele interessante Bücher über dieses Thema verfaßt hat. Während dieser dunklen Jahre war ihr Garten ein Hafen des Friedens und der Freude, weit weg von den Gefahren des Krieges«.

Mr. Acloque und seine Frau entdeckten Alderley im Jahre 1974. »Ich erinnere mich immer noch an den heißen Julitag, als wir hier die Gärten zum ersten Mal sahen«, sagt er. »Wir verliebten uns in den Ort

Rosen und Kräuter wie Wollziest, Heiligenblumen und Frauenmantel tragen zur Schönheit einer der prachtvollen Rabatten in Alderly Grange bei.
Salbei wächst in einem Tontopf (ganz links), duftender Lavendel in den streng gestalteten Zementurnen (daneben), die an den Ecken des Seerosenteichs stehen.

Die zum Haus führenden Rosenbeete sind mit Frauenmantel eingefaßt (links). Fenchel setzt zwischen den Rosen spitzenartige Akzente. Der formal streng gestaltete Kräutergarten ist von Rosen umgeben. Die einzelnen Abschnitte in Form von Tortenstükken sind mit Buchs eingefaßt und mit einer Vielfalt duftender Kräuter wie Baldrian, Salbei, Rosmarin, Zitronenmelisse und Mädesüß bepflanzt.

und beschlossen fast noch am gleichen Tag ihn zu kaufen.« Zehn Jahre vor diesem Kauf hatten Avilde Lees-Milne, die bekannte englische Gärtnerin und Autorin, und ihr Mann in Alderley gelebt und »einen Märchengarten innerhalb der alten Mauern« geschaffen. Obwohl Mr. Acloque von sich behauptet, er sei nur ein Amateur gewesen, als er die Gärten übernahm, begann er bald, die Sammlung von Duftpflanzen zu erweitern, die Mrs. Milne angelegt hatte. »Zu meinen größten Freuden zählte die Entdeckung der *Rosa primula,* deren Blätter nach dem Regen einen so wundervollen Geruch von Weihrauch ausströmen«, meint er.

Mr. Acloques Freude an seinem Garten teilen noch viele andere enthusiastisch mit ihm. Denen, die gerne ihren eigenen Duftgarten hätten, sagt er, »wenn Sie einen Duftgarten planen, denken Sie immer daran, daß Sie in verschwenderischer Fülle, aber niemals chaotisch pflanzen dürfen. Die Kombinationen sind zahllos, und die kleinen Erfolge werden Sie immer wieder glücklich machen.«

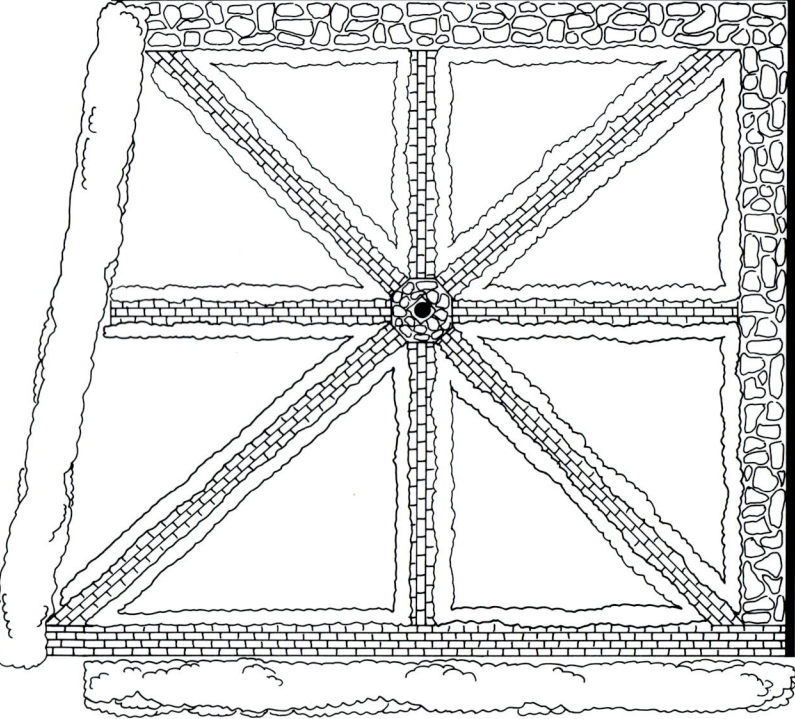

Der strenge Plan des Kräutergartens (links) würde sich auch für eine einfachere Bepflanzung eignen. Eine der interessantesten Möglichkeiten, Kräuter zu verwenden, ist die Unterpflanzung von Bäumen. In der Allee (ganz oben) wurden Gartennelken, Minze, Thymian, Erdbeeren, Frauenmantel und Veilchen in loser Anordnung als Wegeinfassung unter die Bäume gepflanzt. Guy Acloque zieht in einem kleinen Frühbeetkasten (darunter) im Treibhaus in einer Ecke des Gartens neue Pflanzen an, die alte ersetzen und ergänzen sollen.

Zitronenmelisse, Rosen, Fenchel und Frauenmantel (ganz links) wachsen dicht zusammen in einem Abschnitt der Rabatte. Eine Sammlung verschiedener altmodischer Rosen (oben links) blüht im Rosengarten. Bronzefarbener Fenchel (oben) wächst ungestört, wo er sich entlang des Weges selbst ausgesät hat. Niedrig wachsende Kräuter wie Frauenmantel, Kamille und Veilchen (Mitte links) bilden eine natürliche Einheit am Rande des Seerosenteichs. Üppige Massen prächtiger Kräuter und Blumen werden in der Rabatte wegen ihrer Farben, Formen und Strukturen und wegen ihres Duftes verwendet (unten links).

83

Der traditionell gestaltete Knotengarten im Stil des 16. Jahrhunderts (Mitte) ist von einfachen geometrischen Beeten mit Kräutern aus dieser Zeit umgeben. Knotengarten und Beete zusammen ergeben wiederum ein gemustertes Quadrat. Dunkelgrüner Gamander, Goldmajoran, Silberartemisie, Lavendel und Nelken illustrieren, wie mit einfachen Kräutern ein farbiger Garten geschaffen werden kann.

EIN MUSEUMSGARTEN IM STIL DES 16. JAHRHUNDERTS

Der Garten des Tudor-House-Museums, gestaltet nach Büchern und Illustrationen aus dem 16. Jahrhundert, ist ein Kräutergarten von wunderbarer Schönheit und Faszination. Sein Vorbild könnte 1520 existiert haben, als Sir Richard Lyster, der Lord-Oberrichter von England, nach Southampton ging, um den Krankheiten und dem Lärm von London zu entgehen. Es ist eine Art Garten, in dem vor beinahe 500 Jahren Damen und Herren zwischen duftenden Kräutern im Kerzenlicht getafelt haben könnten, in dem die Mägde die frischgewaschene Wäsche über Rosmarin- und Lavendelbüsche ausgebreitet haben könnten, damit sie beim Trocknen den Duft der Kräuter aufnähme, und in dem die Hausherrin Kräuter geerntet haben könnte, um sie zu Kräutermischungen und Medizinen zu destillieren.

Der reich bepflanzte Garten, ein bezauberndes ummauertes Refugium, beherbergt nur die ungefähr 100 gängigsten Kräuter, die im 16. Jahrhundert verwendet wurden. Rund die Hälfte von ihnen war durch die Römer nach England gekommen. Die übrigen wurden aus Wildpflanzen kultiviert, die von den Feldern gerettet wurden, auf denen sich die Städte langsam ausdehnten, oder von Leuten gesammelt, die nach ausgefallenen oder gefüllten Varietäten suchten, um ihre Samen dann gegen andere auszutauschen. Später schickten wohlhabende Kräutersammler Leute in die Kolonien auf Kräutersuche und pflanzten diese exotischen neuen Varietäten in ihre Gärten.

Kleine Versionen aller wichtigen Merkmale eines Tudorgartens sind im Garten des Tudor-House-Museums reproduziert worden. Jeder Teil dieses Gartens könnte heute sogar auf kleinstem Raum nachgebildet werden, und er wäre genauso reich an Farben und Düften wie die Gärten der damaligen Zeit.

In Tudorzeiten wäre der Springbrunnen (oben) mit Quellwasser oder Regenwasser aus der Dachrinne versorgt worden. Er ist von kriechendem Thymian und Lavendel umgeben. Bepflanzungen mit rotblättrigem und Gartensalbei, Lavendel, Nelken und Thymian (darunter) sind ein anderes Beispiel für die Farbenpracht der Kräuter.

Der eingezäunte Kräutergarten (oben) erinnert an die abgeschlossenen Gärten voriger Jahrhunderte. Der Weg zu dem Garten (unten) ist eingefaßt mit Alchemilla, Wollziest und Raute.

DIE WIEDERERSTEHUNG EINES HERRENHAUSGARTENS

Heinrich VIII. übergab Robert Palmer den ursprünglichen Parham Park im Jahre 1540. Heute stehen nur noch Reste der Gebäude des 14. und 15. Jahrhunderts auf dem Landsitz mit seinem schönen Herrenhaus aus grauem Stein und seinen lieblichen Gärten. Peter Coats, ein englischer Gartenspezialist und Buchautor, gestaltete im Jahre 1982 die Gärten neu, wobei er Pflanzen verwendete, die weit weniger Arbeit verlangen, mit deren Hilfe aber Charakter und Atmosphäre der alten Gärten erhalten blieben. Obgleich große Teile des Küchengartens und einige verstreute Beete vergessen wurden, blieben die alten Mauern aus dem 18. Jahrhundert oder aus noch früheren Zeiten erhalten, und neue Beete wurden geschaffen. Mr. Coats Plan für die Rabatten basiert weniger auf arbeitsintensiven einjährigen als auf mehrjährigen Pflanzen. Die Sträucher und Blumen, die vielen Kräuter eingeschlossen, wurden sowohl ihrer Blattfarben als auch ihrer Blüten wegen gewählt.

Der den Rosengarten umsäumende Lavendel (oben links) erfüllt die Luft mit seinem lieblichen Aroma. Noch mehr Lavendel (oben Mitte) blüht am Rande des Weges zum Gewächshaus. Zitronenmelisse, Salbei, Frauenmantel und Schafgarbe wachsen zusammen mit anderen Kräutern in einem Beet (unten ganz links). Eine Statue (oben) ist umgeben von Rosmarin, Frauenmantel und Nelken. Raute wächst in einem der ungewöhnlichen Pflanzgefäße in den Ecken des streng gestalteten Kräutergartens (unten). Rund um seinen Fuß sprießt Majoran. Der im Gartenplan vorgesehene Teich in der Mitte könnte durch eine Sonnenuhr ersetzt werden.

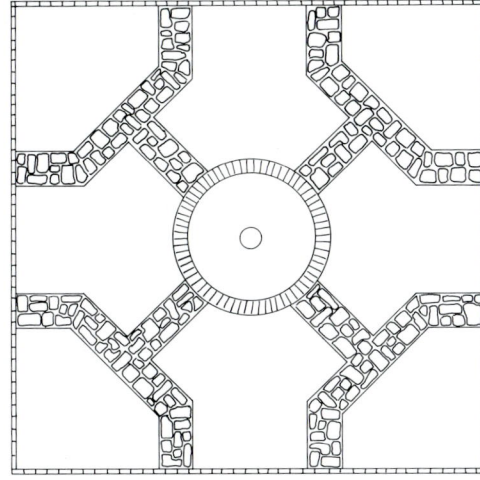

Ein wunderschönes Paar schmiedeeiserner Tore umrahmt den Blick auf die Hauptrabatte. Die Vorderfront der Rabatte ist reich bepflanzt mit Frauenmantel, Salbei, Katzenminze und Raute, die die gerade Linie des Weges auflockern, keine Unkräuter aufkommen lassen und die mühsame Arbeit des Beschneidens und Sauberhaltens der Beetränder unnötig machen. Der streng gestaltete Kräutergarten auf der einen Seite des Hauptweges ist von einer hohen Hecke umgeben. Dadurch entsteht der Eindruck eines abgeschlossenen Raumes im Freien, der noch durch Gartenbänke aus Teakholz gesteigert wird, auf denen die Besucher die wunderbare Szenerie genießen können.

DER *POTAGER* ALS KUNSTWERK

Das Château von Villandry ist umgeben von einem der schönsten Gärten Frankreichs, der seine alte Pracht aus dem 16. Jahrhundert durch die liebevolle Arbeit von Joachim Carvallo, einem Spanier, und seiner amerikanischen Frau wiedererlangt hat. Als Dr. Carvallo das heruntergekommene Schloß im Jahre 1906 kaufte, waren noch drei verschiedene Ebenen aus früheren Tagen übrig, aus denen man die ursprüngliche Gartenstruktur erschließen konnte. Die von ihm gestalteten exquisiten Gärten basieren auf diesem Plan und auf seiner historischen Untersuchung der Gärten dieser Zeit.

Auf der obersten Ebene fließt Wasser aus einem Wassergarten in die Kanäle und den Graben rund um das Schloß. Auf der nächsten Ebene befinden sich zwei Gartenanlagen. In der ersten, dem ›Garten der Liebe‹, wurden Buchsbaumhecken kunstvoll zu Herzen und Schwertern zurechtgestutzt, deren Zentren mit leuchtenden Blumen bepflanzt wurden. Die kleinere Gartenanlage auf der anderen Seite des Kanals bildet ein großes Viereck, unterteilt in vier Abschnitte, die jeweils von Buchs eingefaßt und mit abstrakten Formen aus Buchs gefüllt sind, umgeben von Kräutern wie Rosmarin.

Aber der berühmteste Garten in Villandry ist der spektakuläre *potager* auf der untersten Ebene. Solche Küchengärten wurden oft in der Nähe des Schlosses angelegt, so daß die Gäste Gemüse und Pflan-

Vom Schloß aus blickt man über den potager und die dahinterliegende Stadt (oben). Ein mit Buchs eingefaßtes Beet (darunter) ist mit Bohnenkraut bepflanzt. Die Buchshecken im ›Garten der Liebe‹ (rechts) sind zu komplizierten Mustern und Formen zurechtgestutzt worden. Die zwischen den Formen entstandenen Beete wurden mit Rosen und anderen Blumen bepflanzt.

zen aus fernen Ländern bewundern konnten. Dieser Garten mißt zwei Morgen und besteht aus neun Quadraten, die jeweils in verschiedenen Mustern bepflanzt sind. Die zwischen den Quadraten verlaufenden breiten Sandwege werden an jeder Kreuzung von einem kleinen Teich unterbrochen, dessen murmelndes Wasser an einen maurischen Garten erinnert. An jeder Ecke steht eine mit duftenden Rosen oder Jasmin bewachsene Laube, in der die Besucher sich ausruhen und die heitere Schönheit dieses Küchengartens genießen können.

Mit dem Wechsel der Jahreszeiten verändert sich auch der Garten. Neu gezogene Pflanzen ersetzen die alten. Pläne für die vielen Bepflanzungen werden so weit im voraus gemacht, daß sich die Gärten dem Betrachter immer in höchster Schönheit zeigen.

Der potager *(links) umfaßt neun verschiedene sorgfältig konzipierte Kompartimente. In dem niedriger liegenden Beet (rechts) wächst Rosmarin zwischen den phantasievoll geformten Buchshecken. Hohe, kunstvoll beschnittene Bäume säumen den Weg, und Petunien fassen die Beete im Kräutergarten ein (unten).*

91

KRÄUTERGÄRTEN IN TÖPFEN

Was kann den Blick auf die Stadt freundlicher machen, als ein Garten von Thymian, Salbei und Kapuzinerkresse auf der Terrasse vor Ihrem Fenster? Was kann Ihrer Küche mehr Reiz und Duft verleihen, als Töpfe mit Schnittlauch, Petersilie, Majoran und Basilikum auf dem Fensterbrett oder direkt neben der Küchentür? Wenn Sie erst einmal entdeckt haben, wie viele Möglichkeiten es gibt, Kräuter in Töpfe und Kästen zu pflanzen, dann werden Sie feststellen, daß Sie sogar dann noch einen Kräutergarten anpflanzen können, wenn Sie nur begrenzten Raum haben. Und ein Kräutergarten in Töpfen hat einen großen Vorteil gegenüber einem Garten im offenen Erdreich: Die Pflanzen können bewegt werden — man kann sie in die Sonne rücken, vor Sturm schützen oder zur Dekoration einer festlichen Tafel nutzen.

Die meisten Kräuter, vom Lorbeerbaum bis hin zu Petersilie und Schnittlauch, können erfolgreich in Töpfen gezogen werden, so daß die Auswahl der Kräuter fast genauso groß ist wie für einen Garten. Selbst Kräuter mit langen Pfahlwurzeln wie Dill und Borretsch wachsen gut in Töpfen, vorausgesetzt, sie sind tief genug. Nur sehr hohe Kräuter wie Engelwurz und Liebstöckel sind für Töpfe ungeeignet.

Pflanzen mit sich stark ausbreitenden Wurzeln wie Minze sollten für sich allein in einen Topf gesetzt werden, aber man kann sie auch in einen großen Behälter mit anderen Kräutern zusammenpflanzen, wenn man die Wurzeln mit einem Ring umgibt und ihr Ausbreiten somit eindämmt oder die Pflanze in einem kleinen Topf in die Erde eines größeren Behälters setzt.

In einem kleinen Garten erreicht die Sonne nicht überall den Boden. In einem solchen Fall kann man Kräuter in Töpfen auf Regalbrettern ziehen, die am Gartenzaun oder Haus befestigt und dort der Sonne ausgesetzt sind (links). Rosmarin (oben) wächst in einem großen Tontopf an einer sonnigen Stelle im Garten. Lorbeerhochstämme (darunter), dekorieren die Terrasse des American Museum in Bath. Ein Kräutergarten in Nantucket (rechts) gedeiht in Töpfen auf den sonnigen Stufen, die zum Haus führen.

Die tragbaren Kräutergärten (oben links) wurden von Joe Ruggiero angefertigt, der alte Pflanzkästen mit Tragegriffen und Füßen versah. Sie können in die Sonne gestellt oder in die Küche getragen werden, wenn es draußen kalt wird, oder als Tischdekoration für ein improvisiertes Abendessen fungieren. Eine Gruppe von Kräutern (oben rechts), dicht in einem hübschen Behälter wie dieser Fußbadewanne zusammengestellt, kann auch als Tischschmuck dienen. Die meisten Kräuter können mit Erfolg in Töpfen gezogen werden (unten) und sind ebenso dekorativ wie nützlich.

TÖPFE IM GARTEN

D as Ziehen von Kräutern in Töpfen und Kästen gibt Ihnen bei der Gestaltung Ihres Gartens zusätzliche Möglichkeiten. Sie können an Stellen, an denen sich schwer graben ließe, mit Hilfe von Töpfen farbliche und formale Akzente setzen, und Sie können die Pflanzen ihren Bedürfnissen entsprechend in die Sonne oder in den Schatten rücken. Sie können die geraden Linien einer Terrasse oder eines Weges mit Hilfe unregelmäßig verteilter Töpfe auflockern oder eine bestimmte Stelle besonders betonen. Da sich Töpfe gut bewegen lassen, kann man sie immer wieder neu arrangieren oder sie für ein Fest wirkungsvoll zusammenstellen.

Die Vorbereitung des Topfes

Eine gute Drainage ist bei der Pflanzung in Töpfe genauso wichtig wie bei der Pflanzung im Gartenboden. Ihr Topf muß also im Boden Drainagelöcher haben — das heißt, ein Loch in einem kleinen Topf und bis zu acht oder neun Löchern in Töpfen, die so groß wie ein Faß sind. Bedecken Sie den Boden des Topfes mit einer Schicht aus Tonscherben oder Kieselsteinen, damit das Wasser ablaufen kann und die Erde erhalten bleibt. Ein kleiner Topf braucht nur einige Tonscherben: wenn Sie aber einen großen Behälter verwenden, dann legen Sie ihn mit einer mindestens 5 cm hohen Schicht von Tonscherben oder Kieselsteinen aus. Um größere Behälter leichter tragen zu können, verwenden Sie am besten für den Boden ein Drittel Perlit oder ähnliches

Die Lorbeer- und Myrtenbäumchen auf der Terrasse von Lady Somersets Landhaus gewinnen noch an Schönheit durch die Größe und Form ihrer Behälter.

Material. Füllen Sie dann den Topf bis zu 2—3 cm unter dem Rand mit Erde. Fast jeder Behälter — Topf oder Kasten — sollte auf diese Weise vorbereitet werden.

Die einzige Ausnahme bildet ein Hängekorb aus Draht, den Sie mit feuchtem Torfmoos auskleiden sollten. Wenn Sie hängende Kräuter in die Seiten des Korbes pflanzen wollen, dann bohren Sie Löcher in das Moos und schieben die Wurzeln hinein, bevor Sie den Korb mit Erde füllen. Das Eingraben eines Moosklumpens in die Mitte eines Topfes trägt dazu bei, daß die Feuchtigkeit besser erhalten bleibt.

Blumenerde

Sie können Ihre Topf-Kräuter mit einer guten, bröckligen Erde verwöhnen, wie sie in jedem Gartencenter zu haben ist. Wenn Sie aber sehr viel Erde brauchen, sollten Sie diese aus Ersparnisgründen selbst mischen. Sie brauchen guten Lehm, Kompost oder Torf und Bausand oder Perlit. Alles ist im Gartencenter erhältlich. Das beste Rezept für die meisten Pflanzen ist 3 Teile Lehm, 1 Teil Kompost oder Torf und 1 Teil Bausand oder Perlit. Sie können diese Mischung den verschiedenen Bedürfnissen entsprechend variieren: geben Sie 1 Löffel Kalk für Kräuter zu, die alkalischen Boden bevorzugen, oder mehr Torfmoos für Pflanzen, die feuchten Boden brauchen.

Allgemeine Pflege für Kräuter in Töpfen

Kräuter, die volle Sonne benötigen, müssen mindestens 5 oder 6 Stunden am Tag in der Sonne stehen, sowohl drinnen als auch draußen. Wenn Sie nirgendwo so viel Sonne haben, dann beschränken Sie sich auf Kräuter wie Minze, Zitronenmelisse, Lorbeer, Petersilie und Thymian, die mit etwas weniger Sonne auskommen können; oder verwenden Sie Speziallampen im Haus.

Eingetopfte Pflanzen trocknen schnell aus. Sie müssen also immer gut gegossen werden. Zuviel Wasser bekommt den Kräutern aber genauso schlecht wie zu wenig Wasser. Überprüfen Sie also die Erde, und geben Sie Wasser nach, wenn die oberen Zentimeter trocken sind. Das bedeutet, daß Sie an heißen Sommertagen vielleicht jeden Tag gießen müssen. Vertrauen Sie nicht den Regenschauern. Wenn die eingetopften Kräuter große Blätter haben, bekommt die Erde möglicherweise nicht genügend Wasser.

Obwohl starkes Düngen die volle Entfaltung des Kräuterdufts verhindert, müssen eingetopfte Kräuter, die ohne die notwendigen Nährstoffe der Erde wachsen müssen, regelmäßig gedüngt werden. Ein verdünnter organischer Dünger, einmal im Monat zugegeben, müßte ausreichen.

Sie sollten, wie übrigens bei jeder Topfpflanze, die Erde in Ihren Kräutertöpfen gelegentlich ergänzen und sie jedes zweite oder dritte Jahr vollständig erneuern. Gute Pflege vorausgesetzt, können in Töpfen gezogene Kräuter genauso duftend, aromatisch und schön sein wie Kräuter, die im Garten gezogen werden. Nur werden sie nicht so groß wie solche, die sich im Gartenboden voll entfalten können.

EINE STADT-TERRASSE

In der Stadt kann man dankbar dafür sein, daß es Töpfe und Blumenkästen gibt, denn die Bepflanzung eines Balkons oder einer Terrasse wäre ohne Töpfe ausgeschlossen.

Auf vielen Terrassen werden inzwischen auch Kräuter gezogen. Peter Dunlop, ein Landschaftsarchitekt aus New York, begann im Jahre 1983 mit dem Anziehen und dem Verkauf von Kräutern, nachdem die Kunden in seinem Pflanzengeschäft immer mehr danach verlangten. Als die Nachfrage weiter zunahm, baute er erst ein Gewächshaus auf dem Land und dann ein zweites. Da jetzt viele seiner Kunden Kräuter ziehen, hat er Angestellte in seiner Gärtnerei, die ihm helfen, die große Nachfrage nach Jungpflanzen zu befriedigen.

»Das Wichtigste bei einem Terrassengarten ist Wasser«, sagt Peter. »Ihre Kräuter wachsen nicht im Mutterboden, der in tieferen Schichten immer noch Feuchtigkeit speichert, selbst wenn der Boden an der Oberfläche bis zu 5 cm austrocknet. Haben Sie Ihre Kräuter in einen Topf gepflanzt, dann kann die Sonne sie von unten, von oben und von allen Seiten austrocknen.« Der Wind, dem Terrassengärten extrem ausgesetzt sind, tut ein übriges, die Austrocknung der Pflanzen zu beschleunigen. »Aber das viele Wässern hat auch zur Folge, daß Sie viel düngen müssen«, fügt er hinzu. »Mit dem Wasser rinnt auch der Dünger durch die Töpfe.« Wenn Sie einmal am Tag oder jeden zweiten Tag gießen, dann müssen Sie alle drei Wochen düngen.

Oben: Kräuter wachsen üppig in Balkonkästen auf einer Dachterrasse, wenn sie gewissenhaft gewässert und oft gedüngt werden.

In kleine Töpfe gepflanzte Kräuter (links) können in die Sonne gerückt werden. Peter Dunlop verwendet selbst entworfene verzinkte Kästen in seinen Terrassengärten. Da es für ihn mühsam ist, Erde und Pflanzen auf die Terrasse zu bringen, hat er seinen Garten fast ausschließlich mit ausdauernden Gewächsen bepflanzt, einschließlich mehrjähriger Kräuter wie Salbei und Thymian.

DER KRÄUTERGARTEN IM HAUS

Viele Küchenkräuter gedeihen auf einer sonnigen Fensterbank, sogar Lavendel oder Duftgeranien. Um Kräuter erfolgreich im Haus zu ziehen, müssen Sie einen Platz in Süd- oder Westlage finden, an dem sie 4—5 Stunden am Tag volle Sonne bekommen; andernfalls müssen sie 8—10 Stunden künstliches Licht haben. Drehen Sie die Pflanzen gelegentlich, damit sie gleichmäßig wachsen, da sie sich immer zur Lichtquelle hinwenden.

Ihre Kräuter werden in einer energiebewußten Umgebung mit Tagestemperaturen um 20°C gut gedeihen. Da Kräuter weder extreme Hitze noch Kälte mögen, sollten die Temperaturen nicht über 21°C steigen und in der Nacht nicht unter 13°C fallen. Geben Sie acht, daß die Pflanzen vor Zug und Heizkörpern geschützt stehen. Stellen Sie die Pflanzen so weit auseinander, daß die Luft frei zirkulieren kann. Das schützt sie vor Ungeziefer und Krankheiten. Wenn Sie Ungeziefer auf den Pflanzen entdecken, dann halten Sie eine Hand über die Erde, drehen den Topf um und ziehen die Blätter durch Seifenwasser oder spritzen sie mit einem Insektizid. Vermeiden Sie bei Kräutern, die Sie essen wollen, die Verwendung von chemischen Präparaten.

Verwenden Sie normale Blumenerde, und düngen Sie die Pflanzen regelmäßig mit organischem Flüssigdünger — im Winter alle zwei Wochen, etwas weniger im Sommer. Gießen Sie Ihre Pflanzen, wenn sie es brauchen je nach Temperatur und Luftfeuchtigkeit im Haus ungefähr alle zwei Tage.

Da die im Haus gezogenen Kräuter nicht so kräftig werden wie die Kräuter im Garten, schneiden Sie die Pflanzen nicht so stark ab, wie Sie es draußen tun würden, sondern ernten Sie nur die oberen Spitzen der Stengel oder zupfen Sie nur hier und dort ein Blatt ab.

Stellt man mehrere Pflanzen zusammen (S. 98 links), dann erhöht sich die Luftfeuchtigkeit. Eine Zinnwanne kann jeden Kasten in einen wasserdichten Behälter verwandeln. Thymian, Rosmarin und Majoran (S. 98 rechts) wachsen in normalem Tageslicht. Bei entsprechenden Wachstumsbedingungen sind Zitronengeranien (oben) und andere Duftgeranien hervorragende Hauspflanzen.

Darunter: Der Antiquitätenhändler Marston Luce verwendet einen Rosmarinbusch, der normalerweise am Fenster steht, als Tischdekoration. Kräuter und Blumen bilden zusammen einen kleinen Landgarten im Haus (links) in der Nähe eines Stadtfensters. Marston Luce läßt die Erde um eine Calla durch Thymian zudecken (rechts).

THE VICTOR N

Kräuterdekors

*E*ine der größten Freuden beim Ziehen von Kräutern ist die Ernte. Im Sommer erfüllen Sträuße aus frischer Minze das Haus mit ihrem Duft; Kräuterzweige in den verschiedensten Grünschattierungen und Formen verleihen einem ländlichen Strauß Pfiff; frische Kräuter und zarte Kräuterblüten, auf einen kleinen Kranz aus Zweigen gesteckt, schmücken ein Windlicht oder eine Gruppe von Kerzen auf dem Tisch. Und für ein Muschelessen legen Sie Blätter des nach Zitronen duftenden Geraniums oder des Zitronenstrauchs in die Fingerschalen.

Kräuter und Blumen hängen zum Trocknen von den Dachbalken einer alten Scheune (links). Getrocknete Kräuter, die einen Blumenkasten im Haus schmücken (oben links), sind eine fröhliche Erinnerung an den Sommer in grauen Wintertagen. Ein Strohhut (oben rechts) mit getrockneten Kräutern und Blumen geschmückt, kann getragen oder als Dekoration verwendet werden.

*Bouquets und Duftkugeln sind zwei von vielen Möglichkeiten, wie Robert K.
Lewis Kräuter in seinem Haus auf Long Island verwendet.*

*Sie können Lavendelbündel in Ihre
Fenster hängen oder zarte Kräuterblüten
und duftende Blätter für Kränze und
Sträuße in allen Räumen verteilen. Und
mit viel Geduld können Sie eine junge
Myrte oder Rosmarinpflanze zu einem*

*Bäumchen ziehen und so Ihren Räumen
schlichte Eleganz verleihen. Wenn der
Schnee fällt, rufen getrocknete
Kräutersträuße Erinnerungen an den
Duft und die Schönheit Ihres
Sommergartens wach. Hängen Sie kleine*

104

Ein Korb mit getrockneten Kräutern und Blumen (ganz links) kann Ihrem Haus das ganze Jahr über Farbe und Wärme verleihen, während Kräutermischungen (oben links) es mit frischem Duft erfüllen. Perfekt getrocknete Rosen in einer zarten Farbe (darunter) gliedern Norma Jean Lathrops Kranz aus deutschem Strandflieder. Die Kräutersäckchen (oben) sind aus Stoffresten gemacht.

Bündel aromatischer Kräuter in Ihre Schränke, oder legen Sie Duftsäckchen zwischen die Wäsche. Zu Weihnachten zieht das würzige Aroma der Duftkugeln durchs Haus, und farbenprächtige Kränze und Bouquets schmücken die Räume. Solcher Kräuterschmuck vermehrt Ihre Freude am Garten, an kalten wie an warmen Tagen.

Das Ernten der Kräuter

Um das ganze Jahr über im Haus vom Ertrag Ihres Gartens profitieren zu können, ist es wichtig, die Kräuter in der richtigen Weise zu ernten.

Sie schneiden sie am besten an einem klaren Tag, sobald der Tau getrocknet ist, aber bevor die Hitze die kostbaren ätherischen Öle verdampfen läßt. Vor der Blüte geerntet, sind Kräuter am aromatischsten. Wenn Sie aber die Blüten verwenden wollen, pflücken Sie die Kräuter, sobald sich die Knospen geöffnet haben und bevor die Blütenblätter an Farbe verlieren und braun werden.

Das Trocknen der Kräuter in Bündeln

Um langstielige Kräuter zu trocknen — wie Minze, Eberraute und andere Artemisien, Schafgarbe und Goldrute —, binden Sie diese am besten in kleinen Bündeln zusammen und hängen sie an den Stielen in einem dunklen Raum auf. Geben Sie acht, daß sie weit auseinander hängen, damit genügend Luft zwischen ihnen zirkulieren kann. Die Bündel können an den Deckenbalken eines gut belüfteten Souterrains oder einer Dachstube, in einer alten Scheune, in einem Trockenschuppen oder an Balken und Wandhaken in einem luftigen Raum getrocknet werden. Wenn Sie Kräuter in der Küche aufhängen, dann möglichst nicht in der Nähe des Ofens oder Spülsteins, wo Rauch und Feuchtigkeit dem Trocknungsprozeß entgegenwirken.

Gestelle unterschiedlicher Art eignen sich ebenfalls zum Aufhängen von Kräutern. Sie können antike oder neue verwenden — alte Wäscheständer, drehbare Handtuchhalter und dergleichen — oder sich auch Ihr eigenes Trockengestell bauen. Wenn Sie auf einem Bild ein passendes Gestell für sich finden, dann versuchen Sie doch einfach es nachzubauen.

Das Trocknen von Blättern und Blütenblättern

Um Blätter oder Blütenblätter einzeln zu trocknen — zum Beispiel Rosenblätter, Blätter von Duftgeranien oder vom Zitronenstrauch — oder ganze Blütenköpfe oder Stiele, verteilen Sie diese am besten in

Das Oberteil eines alten Rechens (oben) wird als dekoratives Trockengestell verwendet. Schnittlauchblüten für Kränze und Gestecke (links) werden beim Trocknen von einem Stück Maschendraht gehalten.

Eine Kräutermischung (oben rechts) wird in einfache Behälter umgefüllt. Norma Jean Lathrop trocknet Lavendelstiele und andere Kräuter und Blüten aus ihrem kalifornischen Garten (unten rechts) auf einem einfachen Fliegengitter. In London schafft der Florist Kenneth Turner einen Miniaturwald (ganz rechts) aus getrockneten Currypflanzen und getrockneten Zweigen.

einer Lage auf einem Trockentablett. Solche Tabletts gibt es in Kräuterläden. Sie können sie auch selbst herstellen, indem Sie ein Stück Musselin, Nylongewebe oder ein dünnes Netz fest über einen einfachen Holzrahmen spannen oder einen flachen Korb oder ein Fliegengitter verwenden, das Sie mit Ziegelsteinen abstützen. Um Platz zu sparen, bauen Sie gleich mehrere, die Sie stapeln können.

Für welche Methode Sie sich auch entscheiden, die Blätter trocknen am schnellsten, wenn die Luft von allen Seiten um sie herum zirkulieren kann. Die Trocknungszeit — ungefähr 2—10 Tage — hängt von der Feuchtigkeit der Luft sowie der Blätter und Blüten ab. Wenn der Prozeß wegen feuchten Wetters zu lange dauert, können Sie die Kräuter auf einem Kuchenblech ausbreiten und im Ofen mit halb offener Tür bei niedrigster Temperatur zu Ende trocknen. Sie sind fertig, wenn die Blätter sich kräuseln und brüchig werden. Je schneller die Blätter und Blüten trocknen, um so mehr Farbe und Duft behalten sie.

Leben mit Kräutern

Die Verwendung von Kräutern ist so vielfältig, die Freuden im Umgang mit zahlreichen Arten so interessant, daß sich ein anfangs begrenztes Interesse nicht selten vom Hobby zum Beruf auswächst. Barbara Ohrbach in New York und Emily Carter in Virginia haben — jede auf ihre Weise — dieses Hobby zu ihrem Lebensinhalt gemacht.

Oben: Emily Carter pflückt feldmäßig angebaute Schafgarbe.

Einfache Sträuße (ganz links) sehen attraktiver aus, wenn sie zu mehreren zusammengestellt werden. Barbara Ohrbach verwendet gleichartige Gefäße, um die Wirkung zu erhöhen. Kräuter trocknen an einem handgefertigten Gestell aus Zweigen (oben) in der Küche der Carters. Barbara Ohrbachs säuberlich etikettierte Essigsorten (Mitte) stehen aufgereiht hinter einigen ihrer Kräuterbücher. Der rustikale Korb aus getrockneten Kräuterzweigen (unten) ist mit getrocknetem Diptam aus Kreta gefüllt.

109

An Wochenenden erntet Barbara
Ohrbach Kräuter in ihrem Garten an
der umgebauten Remise. Kriechender
Thymian wächst zwischen den Schieferplatten auf der Terrasse und erfüllt
die Luft mit seinem Aroma, wenn jemand darübergeht.

Eine Leidenschaft für Kräuterdüfte

Jedesmal wenn Barbara Ohrbach wegen ihrer Arbeit für ein Modemagazin nach Europa mußte, stöberte sie in Buchläden und auf Flohmärkten nach alten Büchern über Kräuter, Pflanzen und Blumen. »Die Lektüre dieser Bücher war beinahe wie eine Reise in den Alltag vergangener Zeiten«, sagt sie. Mit ihrem Interesse wuchs auch ihre Sammlung. Sie umfaßt englische und amerikanische Bücher über Haushalt, Sitten und Gebräuche in der Zeit zwischen 1790 und 1910, in der die Hausfrauen die lieblich duftenden Kräuter dazu verwendeten, Räume und Schränke mit frischem Wohlgeruch zu füllen und Motten zu vertreiben.

Barbara war von den Rezepten in ihren Büchern und von den überall in Europa verkauften Kräutermischungen begeistert. Sie beschloß, selbst Kräutermischungen herzustellen. Ihre Freunde waren von den Ergebnissen so angetan, daß sie und ihr Mann Mel, der in leitender Stellung in der Modebranche tätig war, ihre erfolgreichen Karrieren aufgaben und »Cherchez« eröffneten, ein einladendes Geschäft voller schön verpackter Kräutermischungen, Kräuterkränze, Bündel getrockneter Kräuter und Blumen und viktorianischer Leinenwäsche, die Barbara so liebt. Selbstverständlich wurden die Originalkräutermischungen bei »Cherchez« nach den alten Rezepten herge-

Reizende Mottensträußchen (oben) aus deutschem Strandflieder und mottenabweisenden Kräutern wie Lavendel und Eberraute hängen an einer Schranktür.

Gewürzkugeln (ganz oben) sind bei den Ohrbachs ständig in Arbeit. Äpfel (Sie können auch Orangen nehmen) werden mit ganzen Nelken gespickt und dann in einer Mischung von pulverisiertem Zimt, Muskat, Nelken und Iriswurzel zu gleichen Teilen gewälzt und getrocknet. Darunter: Fertige Duftkugeln, in einer Schale mit Lavendel arrangiert, füllen den Raum mit einem pikanten Aroma. Kräuterbündel (rechts) werden an einem antiken Gestell getrocknet.

Frisch gepflückte Kräuter werden in Körben gesammelt, zu frischen Sträußen und in Essig verarbeitet oder für den späteren Gebrauch getrocknet.

stellt: *Rondilitia* nach einem spanischen Rezept aus dem 16. Jahrhundert, *Alte englische Rose* nach einem Rezept aus dem 18. Jahrhundert, und *Feldblume*, ein viktorianischer Duft, der an ein üppiges englisches Bouquet erinnert. Heute hat »Cherchez« neben dem Geschäft in New York einen blühenden Groß- und Versandhandel und läßt einen Großteil seiner Produkte in Heimarbeit anfertigen.

Obwohl die Ohrbachs mit Kräutern Geschäfte machen, ist der Kräutergarten bei ihrem Landhaus nördlich von New York ein ganz privater Garten. »Er ist nur zu unserer Freude da«, beharrt Barbara. Als sie vor fünf Jahren die umgebaute Remise kauften, war da noch kein Garten. Der einzige Platz, der ihnen dafür geeignet schien, war das mit Zement bedeckte Stück vor den Türen des alten Hauses. Der Boden war eben und wurde während des größten Teils des Tages trotz des alten Baumbestandes von der Sonne beschienen. Der Zement wurde in mühevoller Arbeit abgetragen und weggefahren. Dann wurden Erde und Sand ausgetauscht und zwei Beete in L-Form angelegt, auf denen jetzt in freier Anordnung gepflanzte Kräuter prächtig gedeihen.

Fast alle Kräutervarietäten des Gartens werden für Kränze und viele für Schalen mit duftenden Kräutermischungen getrocknet, die überall im Haus verteilt sind. Salbei, eines der Lieblingskräuter von Barbara, wird in frischen wie in getrockneten Bouquets verwendet und dient als Gewürz für Gerichte; Eberraute, Beifuß und Wermut werden getrocknet, um daraus wirksame Mittel gegen Motten herzustellen. Und Lavendel wird oft nur seines Duftes und seiner Schönheit wegen ins Haus geholt. Da Grünpflanzen in einem Wochenendhaus unpraktisch sind, arrangieren die Ohrbachs statt dessen große Bündel getrockneter Kräuter in Krügen und Körben. Im Sommer wird das Haus auch mit großen Sträußen frischer Kräuter geschmückt.

113

VOM SÄMLING ZUM KRÄUTERKRANZ

Emily Carter hatte schon in ihrer Jugend Freude daran, mit ihrer Mutter Kräuter zu sammeln und in dem Garten anzupflanzen, den Sie auf den Seiten 60—61 gesehen haben. Es ist also nicht verwunderlich, daß sie vor fünf Jahren beschloß, ein eigenes Geschäft mit Kräutern aufzumachen. Obwohl der Garten der Carters wirklich nicht klein ist, konnte er doch nicht genügend Material für die Pflanzen und Kränze liefern, die Emily verkaufen wollte. Deshalb pflanzte sie auf den weiten Feldern in der Nähe ihres elterlichen Hauses über einen halben Morgen Lavendel, Schafgarbe und Katzenminze. Glücklicherweise war die große Familie bereit, ihr dabei zu helfen.

Sie zog alle Pflanzen aus Samen, die sie im Treibhaus aussäte. Da Emily spät damit begonnen hatte, konnten die Pflanzen nicht vor Juli ins Freie gesetzt werden, wenn die intensive Hitze für die zarten Sämlinge schon gefährlich ist. Emily erinnert sich gern an den heißen Julitag, an dem alle neun Kinder der Familie zu einem Treffen nach Virginia gekommen waren. Sie gingen auf die Felder, um jeden einzelnen der mit Sorgfalt gehegten Sämlinge in die Erde zu setzen. Daß sie überhaupt wuchsen, haben sie dem ständigen Wässern und der liebevollen

Aus Zweigen gefertigte Fensterkästen für den Winter (links) sind mit zartfarbigen getrockneten Kräutern und Blumen gefüllt. Sie stehen auf den Fensterrahmen und werden durch eine Schnur gehalten. Emily Carter (oben) fertigt Kränze in der großen Diele der Muskettoe Pointe Farm.

Pflege von Emily und ihrer Familie zu verdanken. Noch heute zieht sie viele Pflanzen aus Samen, ergänzt die Sämlinge aber durch Stecklinge von den Pflanzen, die auf den Feldern wachsen.

Seit diesem ersten Jahr hat sie zwei zusätzliche Morgen Land mit Kräutern bepflanzt. Da wachsen Thymian, Schnittlauch, Zitronenmelisse, Salbei, Wermut, Weinraute, Strandflieder, Strohblumen, Amarant, noch mehr Lavendel und Schafgarbe und andere mehrjährige Pflanzen, die Emily für ihre Kränze verwendet. Obwohl sie sehr gern im Garten arbeitet, beschäftigt sie sich noch lieber damit, die Kräuter dekorativ zu verarbeiten. Das Haus der Carters ist ein Beweis dafür, wie erfinderisch Emily und ihre Mutter Pat mit Kräutern umzugehen verstehen.

Bis jetzt beruht das Geschäft in der Hauptsache auf kleinen und großen Kränzen, die aus der Ernte hergestellt wurden, und die auf dem Hof, auf Kunsthandwerksmessen und manchmal zu großen Mengen an Gesellschaften verkauft werden, die sie als Geschenke verwenden. Emily und ihre Mutter wollen ihr Geschäft aber bald durch einen Postversand und einen kleinen Laden erweitern, in dem sie auch Tee servieren wollen.

Die Ernte (oben) wird zu Kräuterkränzen und Gestecken verarbeitet. Ein Teil der Lavendelernte, zu kleinen Bündeln zusammengebunden und an einer Schnur am Fenster aufgehängt (links), wird zum duftenden ›ländlichen Vorhang‹. Noch mehr Lavendel (rechts) in einem alten Korb.

116

DIE VIELFALT DER KRÄNZE

Die wahrscheinlich bekannteste Art des Kräuterschmucks, der Kräuterkranz, bietet unzählige Möglichkeiten der individuellen Gestaltung. Obwohl jedes Jahr unzählige hergestellt werden, ist jeder für sich einzigartig und spiegelt in Größe, Form und Material die Persönlichkeit seines Herstellers wider.

In den Bergen des westlichen Connecticut züchtet die Antiquitätenhändlerin Holly Meier die verschiedensten Kräuter, die sie auf alten Gestellen trocknet und dann zu Kräutermischungen und Kränzen verarbeitet. Hollys Kränze spiegeln ihre Liebe zur Einfachheit ländlicher Wohnungen früherer Zeiten wider. Ihre eher locker als üppig geflochtenen Kränze werden meist aus einem oder zwei bekannten Kräutern hergestellt. Dünnere Kränze werden nur aus kleinen Kräuterbündeln gemacht, die sorgfältig übereinandergelegt werden, wobei jedes Bündel am vorhergehenden mit Blumendraht befestigt wird. Für reichere Kränze verwendet Holly als Unterlage Zweige vom Weinstock.

Holly Meier (ganz links oben) sammelt Kräuter für ihre ländlichen Kränze. Sie trocknet auch eine große Anzahl von Kräutern und Blumen (darunter) für Gewürzmischungen und zum Kochen. Ein Teil der Ernte hängt an Hollys Sammlung alter Trockengestelle (links). Eine Auswahl ihrer einfachen, aber bezaubernden Kräuterkränze (rechts) ist im Treppenhaus zu sehen. Bouquets garnis — Bündel von frischer Petersilie, Thymian, Majoran und Lorbeer — werden auf einem alten Gestell vor dem Kamin getrocknet (unten rechts) und dann zum Würzen von Suppen und Eintöpfen verwendet.

Helene Lewand Koch dagegen nutzt die kurzen Sommer in Maine, um Felder voller Kräuter und Blumen zu ziehen, die sie zu Kränzen verarbeitet, die weniger streng als Hollys Kränze sind. Schon beim Trocknen ihrer Kräuter zeigt sie eine gewisse Überschwenglichkeit: Jeder Zentimeter der Deckenbalken im Haus, in dem Helene und ihr Mann Dana leben, ist behängt mit farbenprächtigen Bündeln getrockneter Blüten, die an Sommergärten erinnern, wenn draußen die kalten Winde blasen.

Helene beginnt mit einem einfachen Drahtkranz als Grundlage, den sie mit Moos überzieht, auf das sie dann einzelne kleine Sträuße aus getrockneten grünen Kräutern, aus Schafgarbe und anderen farbenprächtigen Blumen bindet. Dazwischen steckt sie Schleierkraut, um ihren Kränzen ein Aussehen zu geben, als seien sie aus Spitze gemacht. Aber gleich welche Zusammenstellung von Farben, Kräutern und Blumen sie wählt, jeder Kranz hat den gleichen romantischen Charakter.

Feldmäßig angebaute Kräuter und Blumen (S. 120 links) bieten reiches Material für zarte Kränze. Ein Stilleben aus Maine (S. 120 rechts): sommerliche Kränze, Sträuße und Früchte auf einem Holzofen in der Küche von Black Rock Farm.
Helen und Dana Koch und ihre Freundin Karen James (links) stehen im Arbeitsraum, umgeben von ihrer Ernte. Rittersporn (oben) hängt zum Trocknen im Speicher.

121

Wie ein Kranz aus Kräutern hergestellt wird:

Es macht Vergnügen und ist einfach, Kräuterkränze herzustellen. Sie eignen sich hervorragend als Geschenke. Wenn Sie erst einmal die Grundtechnik beherrschen, können Sie nach Herzenslust gestalten. Betrachten Sie die hier und in dem Kapitel ›Weihnachten mit Kräutern‹ abgebildeten Kränze, und lassen Sie sich dann von Ihren Pflanzen im Garten und von Ihrem Temperament zu neuen Kränzen inspirieren.

1. Kaufen Sie bei Ihrem Blumenhändler einen einfachen Drahtring in der gewünschten Größe. Denken Sie daran, daß der fertige Kranz um einige Zentimeter größer wird als der nackte Ring.

2. Sammeln Sie einen guten Vorrat an Kräutern, die Sie zur Grundlage Ihres Kranzes verwenden, sie sind aber sehr zerbrechlich und müssen vorsichtig behandelt werden.

Es ist einfacher, mit frischem Material zu arbeiten, das auch leichter in die gewünschte Form gebracht werden kann. Sie können die Kräuter im Spätsommer oder im Frühherbst pflücken, wenn sie für die Ernte reif sind, und sie sofort zu einem Ring als Grundlage für Ihren Kranz verarbeiten. Wenn Sie wollen, kann der Kranz dann in einem kühlen, dunklen Raum in guter Belüftung getrocknet und später dekoriert werden. Die Artemisie »Silver King« ist ein ideales Kraut für den Anfang, aber Santolinen, Thymian, Lavendel, Wollziest oder auch andere Kräuter eignen sich ebenso gut, vorausgesetzt, sie sind in ausreichender Menge erhältlich und lassen sich in genügend lange Stücke schneiden, um mit Draht am Ring befestigt zu werden.

3. Breiten Sie ein Kräuterbündel über den Ring aus, wobei Sie sorgfältig den Draht verdecken. Die einzelnen Kräuterbündel müssen sich gegenseitig so überlappen, daß die Stiele der vorangegangenen Bündel nicht mehr sichtbar sind. Wenn der Stiel eines Krautes eine natürliche Biegung hat, dann lassen Sie ihn der Biegung des Ringes folgen. Wenn die Stiele gerade sind, achten Sie darauf, daß Sie sie mit dem Ring in eine Linie bringen und daß die Enden nicht herausstehen. Befestigen Sie die Kräuter mit Blumendraht fest an dem Ring. Damit haben Sie die Grundlage, auf dem der Rest des Kranzes aufgebaut wird.

4. Wenn die Grundlage fertig ist, nehmen Sie kleinere Stücke desselben Krautes und befestigen sie rundherum an den Innen- und Außenseiten, wobei alle Zweige in die gleiche Richtung zeigen müssen.

5. Beginnen Sie damit, die Oberseite des Kranzes auszufüllen. Nehmen Sie noch mehr von dem Kraut, das Sie als Grundlage verwendet haben, und wechseln Sie mit Zweigen in anderen Farben und Formen ab, wenn Sie wollen.

6. Jetzt können Sie daran gehen, den Kranz, der als Grundstock fertig ist, mit getrockneten Blumen zu dekorieren, wie zum Beispiel Schafgarbe, Lavendel, Amarant, Goldrute, Strandflieder und Hahnenkamm, oder mit den kleineren zarten Blüten von Küchenkräutern wie Schnittlauch, Majoran, Minze und Salbei. Auch getrocknete Samenschoten und Beeren sind attraktiv; oder Sie können Zimtstangen oder sogar kleine Päckchen getrockneter Kräuter und Gewürze an Drahtklammern binden, wie sie die Floristen verwenden, und in den Kranz stecken oder die Päckchen oder Stangen direkt auf der oberen Schicht der Kräuter mit Leim festkleben.

Als Alternative können Sie auch einfach Weinranken, Geißblatt oder Glyzine als Grundlage für den Kräuterkranz verwenden. Formen Sie zunächst einen Kreis aus drei Lagen. Wenn er fertig ist, umwinden Sie ihn rundherum mit Ranken, wobei Sie deren Enden jeweils unter die schon befestigten Ringe schieben.

Eine der Freuden beim Herstellen von Kräuterkränzen (oben) ist die Auswahl der Farben, Materialien und Formen.

Seite 123 reihenweise von links nach rechts; 1. Reihe: Norma Jean Lathrop schmückt einen herzförmigen Kranz mit getrockneten Rosen. Ein zartfarbiger Kranz aus Lavendel und Diptam aus Kreta dient als Schmuck für eine Kerze. Betsy Williams' Weihnachtskranz besteht aus Schafgarbe, Beeren vom Lorbeer, Rosmarin, Koriander, Thymian, Raute und Lavendel. 2. Reihe: Glory Condons Lorbeerkranz und Leslie Gordons Bohnenkrautkranz mit Knoblauch und Pfeffer und ihr Thymiankranz sind nützlich in der Küche. 3. Reihe: Maria Price mischt mit Talent Farben und Formen. Für einen braun-gelben Herbstkranz verwendet sie Schafgarbe, Knospen von Heiligenblumen, Hagebutten, Currypflanze, Strohblumen und ein bißchen Lavendel. Ihr Brautkranz ist blaß und zart; unten hängt ein Lavendelsäckchen. Maria hat die klaren Farben eines Sommergartens mit Wollziest, Lavendel, Heiligenblumen, Artemisien, Maiglöckchen, Schafgarbe, Rosen, Minze und anderen Kräutern und Blumen eingefangen.

Fahren Sie fort, bis der Kranz die gewünschte Dicke erreicht hat. Dekorative Kräuter und Blumen können dann darauf festgesteckt, eingebunden oder aufgeklebt werden. Sie können natürlich die Basis des Kranzes vollständig verdecken, Sie können aber auch etwas von den ungeschmückten Ranken herausschauen lassen und damit den ländlichen Charme Ihres Kranzes unterstreichen.

Ein Strohkranz vom Blumenbinder ist eine andere mögliche Kranzgrundlage. Auf diesem Kranz befestigen Sie dann Bündel des Trägerkrautes mit Draht. Sie können sie aber auch mit Blumenbindernadeln auf dem Stroh feststecken. Das dekorative Material sollte mit Nadeln oder Leim befestigt werden.

Helene Koch kombiniert Trockenblumen von ihrer Farm mit Rosmarin, Heiligenblumen, Lavendel und Salbei zu einem Kranz (ganz links), der wie ein Garten in voller Blüte aussieht. Ein gemischter Kranz (links) von der Meadowsweet Herb Farm in Vermont verbindet die zarten Grüntöne von Wollziest, Artemisien, Lorbeer und anderen getrockneten Kräutern mit Rosa- und Rottönen von Rosen und anderen Blumen. Zimtstangen vermehren das Aroma.
Helenes romantischer Brautkranz (oben) verbindet eine Vielfalt von Kräutern mit blassen Blüten und Schleierkraut.

125

KRÄUTERMISCHUNGEN

I n elisabethanischen Landhäusern und Schlössern erfüllten die aromatischen Mischungen aus getrockneten Blättern und Blüten einen bestimmten Zweck: sie parfümierten die Luft, die modrig war und nach primitiven sanitären Anlagen roch. Obgleich die Kräutermischungen mit ihren verschiedenen Parfums heute immer noch Haushaltsgerüche überdecken können, sollen ihre Düfte doch in erster Linie eine angenehme Atmosphäre schaffen und an einem stürmischen Wintertag Erinnerungen an Sommerblüten wachrufen.

In kleine Schalen oder irdene Gefäße gehäuft und im Haus verteilt, sind die zart gefärbten Blätter und Blütenblätter nicht nur ein schöner Anblick, sie verbreiten auch überall ihren Duft. Aber es gibt auch noch andere Möglichkeiten. Sie können verschiedenfarbige Blütenblätter in Schichten in eine durchsichtige Glasvase legen und darin die Stiele getrockneter Blumen und Blätter verankern. Sie können Kräuterkugeln oder -tiere herstellen, indem Sie die Formen — Schaumgummibälle oder Spieltiere aus Plastik — mit einer dicken Schicht Leim bedecken und sie dann in einer Kräutermischung wälzen. Mit Kräutern gefüllte Säckchen verströmen in einem Schrank oder einer Schublade süßen Duft. Ein mit Kräutern gefülltes Kissen entfaltet seinen lieblichen Wohlgeruch, wenn Sie den Kopf darauf betten.

Traditionsgemäß basieren Kräutermischungen auf dem Duft von Rosen, aber andere duftende Blüten wie Jasmin, Päonien und Nelken können ebenfalls verwendet werden. Beinahe alle nichtduftenden Blüten werden ihrer Farben wegen hinzugefügt. Man mischt die Blütenblätter mit getrockneten aromatischen Blättern von Kräutern wie Lavendel und Duftgeranien, pulverisierte Gewürze wie Zimt und Nelken oder die duftenden Samen von Kräutern wie Anis können in kleinen Mengen dazugegeben werden. Ein Fixiermittel (im allgemeinen Iriswurzel oder Benzoegummi) hilft dabei, die Düfte harmonisch zu verbinden und länger zu erhalten. Einige Tropfen ätherischen Öls von einer Blume, einem Kraut oder Gewürz können als Akzent hineingegeben werden. Wenn Sie einen komplexeren Duft bereiten wollen, sollten Sie ganze Gewürze, getrocknete Orangen- oder Zitronenschale und kleine Stückchen Sandelholz oder Zeder hineinmischen.

Sie können Ihren Mischungen mit Kiefernnadeln Waldgeruch verleihen; einen Gewürzgeruch mit Zimt; Zitronengeruch mit Zitronenmelisse, Zitronenstrauch, Zitronenthymian oder getrockneter Zitronenschale oder ein exotisches Aroma mit Sandelholz, Vetiveria oder Patschuli.

Wenn Sie noch niemals eine Kräutermischung angefertigt haben, dann beginnen Sie am besten mit einem Rezept aus einem gängigen Buch über die Herstellung von Kräutermischungen oder aus einem alten *stillroom book*. Ein solches Buch — nach dem Raum benannt, in dem Hausfrauen vor hundert und mehr Jahren Kräuter, getrocknete Blumen und einen Destillationsapparat aufbewahrt haben, um ätherische Öle zu gewinnen — enthält Rezepte für Kräutermischungen, Kosmetika, Seifen und sogar Medizin. Diese Bücher sind seltene Kostbarkeiten geworden, aber Sie können auch Nachdrucke der Rezepte oder Neuauflagen dieser alten Bücher finden.

Emily Carter (links) erntet Lavendel für ihre Kräutermischungen und Kränze. Ein herzförmiger Rahmen (oben) ist mit einer Kräutermischung überzogen. Die altmodischen Rosen (Mitte) aus dem Garten von Maria Price werden ihrer Schönheit und ihres Duftes wegen getrocknet. Kräutermischungen (unten) können ebenso farbig wie aromatisch sein.

Wenn Sie erst einmal das grundlegende Verfahren beherrschen, experimentieren Sie in der Weise, daß Sie eine Blüten- und Blattmischung in drei oder vier gleiche Portionen aufteilen und jeder dann verschiedene Gewürze, Fixative und Öle beimischen. Notieren Sie die Zutaten, so daß Sie den Duft, den Sie besonders gern mögen, reproduzieren können.

Selbst wenn Sie ein Fixiermittel verwenden, der Duft Ihrer Kräutermischung hält noch länger, wenn Sie die Mischung in einem verschlossenen Gefäß aufbewahren und den Deckel nur abnehmen, wenn Sie sich in dem Raum aufhalten. Kräutermischungen in offenen Schalen und Körben sind jedoch von größerem Reiz, und auch wenn ihr Duft schneller verfliegt, so kann er doch leicht durch Zugabe einiger Tropfen ätherischen Öls wiederbelebt werden.

Anleitung zur Herstellung einer guten Kräutermischung

1. Nehmen Sie nur tadellose Blüten und Blätter. Die Blüten sollten direkt nach dem Aufgehen gepflückt werden, aber Sie können auch solche verwenden, die nicht mehr ganz frisch sind, wenn Sie sorgfältig alle Blütenblätter entfernen, die braun zu werden beginnen. Verarbeiten Sie keine Blumen, die mit Chemikalien gespritzt worden sind.

2. Trocknen Sie die Blumen und Kräuter entsprechend den Richtlinien auf den Seiten 106—107. Sie müssen absolut trocken sein, sonst beginnen sie zu schimmeln. Trocknen Sie Blumen, die Sie nur der Farbe wegen verwenden wollen — wie Zinnien und Cosmeen — getrennt in Kieselsäure-Gel, da sie ihre Farbe leicht verlieren, wenn sie in Bündeln getrocknet werden.

3. Wenn die Ernte getrocknet ist, bewahren Sie jede Blüten- und jede Blattart getrennt auf. Etikettieren Sie die Gefäße. Es ist erstaunlich, wie sehr sich die Blätter in getrocknetem Zustand ähneln können.

4. Verwenden Sie nur eine Glas- oder Keramikschale, um die Zutaten zu mischen, und rühren Sie nur mit den Händen oder einem

Der Londoner Florist Kenneth Turner schichtet Lavendel und Kräutermischungen in einen hohen Glaszylinder (oben links), um einem Bouquet von getrockneten Blumen Halt zu geben. Die Decke von Helene Kochs Haus hängt voller duftender und nicht duftender Blumen (oben rechts), die die Farben ihrer Kräutermischungen und Kränze verstärken. Eine hübsche Alternative zu einer

Schale Kräutermischung: eine von Barbara Ohrbachs Duftkugeln (darunter). Überziehen Sie eine Styroporkugel mit einer dicken Schicht weißen Leims und wälzen Sie sie in der Kräutermischung. Geben Sie, um den Duft zu erhalten, ein paar Tropfen aromatisches Öl darauf.
Rechts: Lavendel und Schafgarbe, frisch gepflückt, liegen auf einer Bank im Garten der Carters.

Holzlöffel um. Geschirre oder Bestecke aus Metall beeinträchtigen das Aroma.

5. Wenn Sie mit dem Duft und dem Aussehen der Mischung zufrieden sind, schütten Sie sie in einen luftdicht verschlossenen Behälter, den Sie für einige Wochen an einen kühlen, dunklen Platz stellen, um den Duft ausreifen zu lassen. Vergessen Sie nicht, den Behälter hin und wieder zu schütteln.

ZWEI KRÄUTERMISCHUNGEN

Elizabeth Walkers »Meadow Herbs« ist ein Familienunternehmen in einer Kleinstadt auf dem Lande im Süden Englands, das Kissen und Säckchen, Öle und Kosmetika aus Kräutern und eine große Palette an Kräutermischungen herstellt. Diese Kräutermischungen basieren auf der Weiterentwicklung traditioneller Rezepte, die Elizabeth fand oder neu kreierte. Sie ließ sich dabei von dem traditionellen Volkswissen um die heilenden und magischen Eigenschaften der Kräuter inspirieren. Kräutern wie Baldrian und Hopfen wird trotz ihres eher indifferenten Geruchs eine beruhigende Wirkung nachgesagt. Andere Kräuter wie Majoran, Kamille und der Zitronenstrauch sollen die Nerven beruhigen. Lieblichen Düften schreibt man aphrodisische Wirkungen zu.

Von den beiden hier ausgesuchten Rezepten von Elizabeth Walker soll das eine Liebesgedanken wachrufen und das andere den Schlaf fördern. Wenn auch keine Erfolgsgarantie gegeben wird — auf jeden Fall richten sie keinen Schaden an, und es wird Ihnen Spaß machen sie auszuprobieren.

Elizabeth Walker experimentiert mit sorgfältig abgemessenen Mengen verschiedener Zutaten (oben), wenn sie ihre köstlichen Kräutermischungen herstellt. Nachahmenswert ist Kenneth Turners dekorative Idee, einen hohen Glasbehälter (rechts) mit Lagen von Kräutermischungen, getrockneten Kräutern, Blättern und Blüten zu füllen.

KRÄUTERMISCHUNG FÜR EINEN RUHIGEN SCHLAF

In einer Schale ins Schlafzimmer zu stellen

- 2 Tassen Rosmarinblüten und -blätter (gegen böse Träume)
- 2 Tassen Lavendelblüten (gegen Melancholie)
- 1 Tasse Kamilleblüten (zur Beruhigung der Nerven)
- ½ Eßlöffel Anissamen (wegen des Wohlgeruchs)
- ½ Eßlöffel pulverisierte Iriswurzel
- 6 Tropfen Bergamottöl

Um die Mischung gehaltvoller zu machen und eine größere Schale zu füllen, können Blätter vom Zitronenstrauch, farbige Blütenblätter oder Lindenblüten dazugegeben werden.

KRÄUTERMISCHUNG FÜR LIEBENDE

- 2 Tassen Blütenblätter von Pfingstrosen (wegen ihres süßen Duftes, der als Aphrodisiacum wirken soll)
- 1 Tasse Rosenknospen (die Blüten der Liebe)
- 1 Tasse Kamilleblüten (zur Beruhigung der Nerven)
- 1 Tasse Lindenblüten (zur Entspannung)
- 1 Eßlöffel Nelkenpfeffer (wegen des Duftes)
- 4 bis 5 Tropfen des besten Patschulıöls
  Vergißmeinnichtblüten für die Dekoration

Es kann etwas mehr Öl verwendet werden, aber zuviel wirkt eher abstoßend als anregend. Die Rosenknospen können durch Jasminblüten ersetzt oder ergänzt werden.

EIN KRÄUTERSTRAUSS

Kräutersträuße sind so unterschiedlich wie die Leute, die sie zusammenstellen und wie die Gärten, in denen sie gepflückt werden. Manchmal bilden Kräuter nichts anderes als einen duftenden grünen Hintergrund für andere Blumen, manchmal sind sie selbst die Blumen, und ein anderes Mal nur ein kunstvolles Bündel konstrastierender Grüntöne und Formen. Auch der Behälter trägt zur endgültigen Wirkung bei. Ein Strauß, der in einem einfachen weißen Krug schlicht und natürlich aussieht, hat in einer eleganten Schale oder Vase vielleicht eine viel großartigere Wirkung.

Pat Braun, der Besitzer von »Salou«, einer der kreativsten Floristen New Yorks, war zuerst von der Einfachheit der Kräuter beeindruckt. Jetzt verwendet er sie in seinen Arrangements in der gleichen Weise wie Blumen.

»Meine Philosophie besteht darin«, sagte er, »daß ein Bouquet so einfach sein sollte, daß jede einzelne Blume sichtbar ist«. Die winzigen Kräutersträuße, die er manchmal für zwanglose Tischdekorationen entwirft, machen das deutlich. »Ich fing mit einzelnen kleinen Sträußen an, um das Problem zu lösen, wie man einen sehr alten Tisch mit Blumen schmücken kann, der 12 m lang und so schmal ist, daß in der Mitte kein Platz für Schmuck vorhanden ist.«

Der wunderbare Vorteil eines Kräuterbouquets gegenüber anderen Sträußen ist natürlich sein Duft. Stellen Sie sich in Ihrem Haus den zauberhaften Duft von Melisse oder den erfrischenden Duft von Minze vor. Kräutersträuße können auch gleichzeitig nützlich sein: schneiden Sie sich direkt am Tisch ein aromatisches Blatt zum Würzen Ihres Gerichts ab.

Ein ländlicher Tisch (oben), verziert mit Pat Brauns Kräutersträußen. Das Sträußchen links besteht aus Wachsblumen, Vergißmeinnicht, Rosmarin, Minze, Zitronensalbei, Heiligenblumen, deutschem Strandflieder, Eukalyptus, Petersilie und Duftgeranien.

131

Die zarten Zweige blühender Minze (oben) passen wunderbar zu Robert K. Lewis' fünffachem antikem englischen Blumenhorn. Leuchtend golden blühender Dill (rechts) gibt ein einfaches ländliches Bouquet ab. Die Büschel frischer Kräuter in der Küche der Carters (ganz rechts) sind zur Hand, um geschnitten und zum Kochen verwendet zu werden.

132

Lady Caroline Somerset setzt das strahlende Blau des Rittersporns gegen die üppigen Zweige des goldgrünen Frauenmantels und den samtig grauen Wollziest (links) in einem eleganten Strauß für das Ankleidezimmer ihres Landhauses. Die dramatisch geformten Stiele des Wollziest (oben) mit ihren winzigen purpurroten Blüten und den flaumigen graugrünen Blättern ergeben einen faszinierenden Strauß.

ELISABETHANISCHE STRÄUSSCHEN

Im elisabethanischen England trugen die Menschen kleine Sträuße mit aromatischen Kräutern und Blumen bei sich und sogen ihren Duft ein, um den fürchterlichen Gestank auf Londons Straßen zu überdecken. Diese nützlichen Sträuße enthielten oft auch Kräuter, wie zum Beispiel Lavendel, Rosmarin und Raute, die desinfizierend wirkten und vor Pest und anderen Krankheiten schützen sollten.

Im viktorianischen Zeitalter liebte man es, hochstilisierte Blumensträuße als Botschaften für Freunde und Geliebte zu übersenden. Jedes Kraut und jede Blume hatten eine eigene Bedeutung: Zitronenmelisse bedeutete Sympathie, Kerbel stand für Aufrichtigkeit, Raute sollte Verachtung ausdrücken, Petersilie symbolisierte festliche Freude, Rosen bedeuteten Liebe, und Duftveilchen standen für Bescheidenheit. Die Praxis führte jedoch zweifellos zu gelegentlichen Mißverständnissen, da einige Kräuter zwei Bedeutungen haben: Basilikum zum Beispiel kann sowohl Liebe als auch Haß bedeuten.

Diese kleinen Sträuße bieten noch heute viele schöne Verwendungsmöglichkeiten für die Kräuter aus Ihrem Garten. Frisch oder getrocknet, beleben sie selbst die kleinste Ecke Ihres Hauses mit Duft und Farbe. Besonders für Kranke sind sie ein wunderbares Geschenk.

Kräuter und Blumen werden im American Museum in Bath zu frischen Duftsträußchen und altmodischen Bouquets verarbeitet. Eine Mitarbeiterin (links) zeigt Museumsbesuchern, wie man ein Duftsträußchen herstellt. Die fertigen Exemplare gehören zu den beliebtesten Artikeln im Museumsladen.

Frisch geschnittene Kräuter und Blumen (ganz links) aus dem Museumsgarten füllen einen Korb. Helene Koch verwendet einige ihrer getrockneten Kräuter und Blumen für Duftsträußchen im traditionellen Stil wie dieses Brautbouquet (links).

Ihr Duft erfrischt, und wenn man den Elisabethanern glauben darf, desinfizieren sie sogar die Luft des Krankenzimmers.

Ein Brautsträußchen aus Kräutern und Blumen kann zugleich hübsch und symbolisch sein, indem es verschiedene Botschaften überbringt: Botschaften der Liebe (Rosenknospen), der Erinnerung (Rosmarin), der Reinheit (Minze), des Mutes (Thymian), der zurückgekehrten Freude (Maiglöckchen) und des Glücks (Lavendel); aber auch ein wenig viktorianische Zweideutigkeit, da Lavendel auch Mißtrauen bedeuten kann.

Frische Kräutersträuße, die eine größere Vielfalt an Blumen und Farben enthalten und freier gestaltet sind als die viktorianischen Sträuße, gehören zu den beliebtesten Geschenken in dem Kräuterladen des American Museum in Britain in Bath. Das Museum will zeigen, wie britische Traditionen übernommen und dem ländlichen Leben in Kolonialamerika angepaßt wurden. Es ist in einem wunderschönen Herrenhaus untergebracht, das mit amerikanischen Antiquitäten ausgestattet und von Gärten umgeben ist. Dort findet man einen traditionell gestalteten Garten, der mit Kräutern bepflanzt ist, die die Einwanderer aus England mitgebracht oder von Indianern erhalten haben; einen Rosen- und Blumengarten, der nach George Washingtons Garten in Mount Vernon entworfen wurde, und einen Garten mit Pflanzen, die zum Färben verwendet werden.

Anleitung zur Herstellung von Kräutersträußchen

Sie können Kräutersträuße mit frischen Kräutern und Blumen oder mit getrocknetem Material herstellen. Wenn Sie einen frischen Kräuterstrauß trocknen und Schönheit und Duft des Straußes erhalten wollen, dann verwenden Sie nur Kräuter, die sich leicht trocknen lassen: Lavendel, Thymian, Minze, Rosmarin und Eberraute. Verwenden Sie möglichst viele lieblich duftende Kräuter und achten Sie auf kontrastierende Farben und Blattformen.

1. Beginnen Sie mit einer frischen Rose, die noch knospig ist, oder mit einigen Zweigen eines blühenden Krautes wie Salbei. Binden Sie um die Rose oder das blühende Kraut ein grünblättriges Kraut, vorzugsweise ein Kraut wie Eberraute, das fein geschlitzte Blätter hat. Zum Binden verwenden Sie ein Stück Schnur oder Strickwolle.

2. Fügen Sie ringsum ein zweites duftendes Kraut hinzu, und fahren Sie so fort, bis Ihr Strauß die gewünschte Größe erreicht hat. Wechseln Sie von einem Kreis zum anderen die Farben und Blattformen, und verwenden Sie blühende Kräuter wie Minze oder Majoran. Binden Sie den letzten Kreis aus einem großblättrigen Kraut wie zum Beispiel Salbei, Wollziest oder aus einem nach Rosen duftenden Geranium.

3. Um einen Formeffekt zu erzielen, stellen Sie eine Manschette für den Kräuterstrauß her, indem Sie ein kleines Loch in die Mitte eines Papierdeckchens schneiden und die Stiele durchziehen. Dann binden Sie ein schönes Band um den fertigen Strauß, damit die Papiermanschette festgehalten wird.

KRÄUTERHOCH-STÄMMCHEN: GEZÜCHTETE SCHÖNHEIT

Kräuterhochstämmchen sind Pflanzen, die so gezogen sind, daß sie an einem einzigen Stamm wachsen, und deren üppige Kronen in geometrischen Formen beschnitten werden. Man braucht Geduld und Zeit, um eine Pflanze in ein Hochstämmchen zu verwandeln. Man beginnt mit einem Steckling oder einer kleinen Pflanze, die man mindestens drei Jahre lang beschneidet, ausgeizt und formt, bis ein perfekter kleiner Baum daraus geworden ist. Ein Kräuterhochstämmchen ist wie eine mit der Hand genähte Bettdecke oder ein Essen aus dem eigenen Garten: eine ganz persönliche Kostbarkeit.

Die Kunst, Pflanzen und Bäume in mitunter phantastische Formen zurechtzustutzen, geht auf die Römer zurück und erreichte ihren Höhepunkt zur Zeit der Renaissance, als jeder bedeutende Garten Pflanzen und Bäume enthielt, die wie wundersame Tiere und kunstvolle Baumhäuser zurechtgeschnitten waren. Mit dem Naturalismus des 18. Jahrhunderts verschwand diese Lust an der nach menschlicher Laune gestalteten Pflanze, und es blieben nur noch beschnittene Hecken und einfache Hochstämme übrig.

Heute verwenden Innenarchitekten kleine Kräuterhochstämmchen wegen ihres dekorativen Charakters. Sie sehen interessanter aus als viele gewöhnliche Hauspflanzen, und in der Regel duften sie auch stärker. Man kann sie paarweise aufstellen oder gruppenweise in Körben oder Tontöpfen arrangieren.

Kräuterhochstämmchen können in unterschiedlichen Größen gezogen werden. Manche werden gerade 15 cm hoch, andere, wie Lorbeer und Rosmarin, können eine Höhe von mehr als einem Meter erreichen. Große Hochstämme sehen nicht nur im Haus eindrucksvoll aus, sie eignen sich auch besonders gut zum Einrahmen eines Hauseingangs oder einer Terrasse.

Paul Leonards Sammlung von Kräuterhochstämmchen (ganz links) ist auf einem alten Blumenständer ausgestellt. Das Ziehen von Kräutern wie Rosmarin oder Zitronengeranium um Drahtringe (links) ist eine einfache Form des Beschneidens. Pat Braun befestigt für besondere Gelegenheiten Blüten auf einem Rosmarinkranz.

Paul Leonard stellt verschiedene Hochstämmchen in einem Korb als Tischdekoration zusammen. Sie können auch für ein Fest mit Blumen oder für Feiertage mit winzigen Duftkugeln oder Süßigkeiten geschmückt werden. Marston Luce hat Miniaturbehälter im Versaillesstil (oben rechts) für seine Myrtenhochstämmchen machen lassen. Seine streng beschnittenen Rosmarinhochstämmchen (unten rechts) passen gut zu den amerikanischen Bauernmöbeln, die er verkauft.

Der Innenarchitekt Paul Leonard zieht seine Hochstämmchen auf einem warmen, sonnigen Fensterbrett in seinem Haus in Connecticut. Obgleich viele Leute glauben, daß ein Treibhaus nötig ist, um Hochstämme zu ziehen, sagt Paul, daß es »vorteilhafter ist, sie in einer natürlichen, unverzärtelten Atmosphäre großzuziehen. Die Pflanzen sind dann kräftiger und anpassungsfähiger, wenn sie sich entwickelt haben. Eine Treibhauspflanze kann im allgemeinen nicht länger als einige Tage die trockene, wenig gastfreundliche Atmosphäre eines Durchschnittshauses aushalten«.

Paul glaubt, daß das Ziehen von Hochstämmchen eine kreative Aufgabe wie jede andere ist: man muß nur herausfinden, wie man am besten vorgeht. Seine grundlegenden Richtlinien zum Großziehen dieser kleinen Bäume folgen anschließend. Und außerdem rät er, »wenn Ihr erster Versuch kein Erfolg ist, dann geben Sie nicht auf. Versuchen Sie es einfach noch einmal.«

Anleitung zum Ziehen von Kräuterhochstämmchen

»Ein Kräuterhochstämmchen zu ziehen, ist grundsätzlich ganz einfach, nur braucht man viel Geduld und die Kraft, beim Beschneiden unbarmherzig zu sein«, sagt Paul Leonard. Wenn Sie mit einem Steckling beginnen, dauert es mindestens ein Jahr, bevor Sie so etwas Ähnliches wie einen kleinen Baum haben, und dann noch einmal zwei bis drei Jahre, bis Sie eine Pflanze von guter Größe gezogen haben, besonders wenn Sie mit langsam wachsenden Pflanzen wie Rosmarin, Lorbeer und Myrte arbeiten.

1. Nehmen Sie einen guten, geraden Steckling von einer gesunden Pflanze, tauchen Sie das Ende in ein Bewurzelungshormon und pflanzen Sie ihn in eine Mischung aus Sand, Topferde und Vermiculit zu gleichen Teilen. Nach dem Wässern können Sie eine Plastiktüte über die Pflanze stülpen, um auf diese Weise ein kleines Treibhaus zu schaffen, bis der Steckling Wurzeln bildet. Auf jeden Fall muß er feucht

gehalten werden, weil er sonst welkt. Stellen Sie ihn an einen Platz, wo es hell ist, wo er aber nicht über längere Zeit der vollen Sonne ausgesetzt ist.

2. Wenn der Steckling erste Anzeichen von Wachstum zeigt und neue Blätter zu entwickeln beginnt, stellen Sie ihn an eine Stelle, wo er viel Sonne bekommt. Je mehr Sonne er bekommt, um so dicker wird der Stamm. Damit der Stamm gerade bleibt, müssen Sie die Pflanze häufig umdrehen, damit sie sich nicht zum Licht streckt.

Wenn Sie lieber mit einer kleinen Pflanze beginnen wollen, als mit einem Steckling, dann wählen Sie eine Jungpflanze mit einem einzigen geraden Trieb aus und behandeln Sie sie in der gleichen Weise wie einen Steckling.

3. Binden Sie den Trieb locker mit Plastikschnüren an einen kleinen Stab, damit er gerade wächst und die Pflanze Halt bekommt. Der

Stab soll die Länge der gewünschten Höhe des voll entwickelten Hochstämmchens haben. Der Stamm muß Raum genug haben, um dicker zu werden, ohne von der Schnur eingeschnitten zu werden. Sobald die Pflanze wächst, müssen Sie sie alle 7—10 cm neu festbinden.

4. Wenn sich Seitenzweige entwickeln, müssen sie sofort entfernt werden, bis die Pflanze die gewünschte Höhe erreicht hat. Die Blätter aber, die sich am Stamm entwickeln, sollten Sie stehenlassen, damit die Pflanze Nahrung produzieren kann. Wenn der Stamm die gewünschte Länge hat, kneifen Sie die Spitze ab, damit sich zwei Äste entwickeln. Wenn sie an diesem Punkt angelangt sind, können Sie die Blätter am Stamm entfernen und damit beginnen, die Pflanze einmal monatlich mit einem organischen Fischdünger zu düngen.

5. Wenn die Zweige an der Spitze zwei oder drei Blattgruppen entwickelt haben, dann kneifen Sie ihre Spitzen ab, damit sich weitere Astgruppen entwickeln können. Fahren Sie in dieser Weise fort, bis die Pflanze eine gute Krone entwickelt hat. Wenn Sie die Pflanze beschneiden, denken Sie immer an die Form, die der fertige Baum haben soll. Wenn der Baum breiter werden soll, dann beschneiden Sie die Pflanze an einer Blattknospe, die außen liegt; wenn er höher werden soll, dann beschneiden Sie ihn an einer Blattknospe, die weiter innen liegt. Die Krone kann jede Form erhalten, die bekannteste aber ist die einfache Kugel.

6. Die voll entwickelte Pflanze muß wie eine Hecke gelegentlich gestutzt werden, damit die gewünschte Form erhalten bleibt.

Ein Kraut, das ein Hochstämmchen werden soll, muß einen geraden Wuchs haben und stark genug sein, das Gewicht der Krone tragen zu können. Die meisten verwendeten Kräuter sind Myrte, Rosmarin, Santoline, Zitronenstrauch, süßer Lorbeer, Duftgeranien und Rosen.

Paul Leonard (S. 142) beschneidet eins seiner Kräuterhochstämmchen auf der mit Kräutern bewachsenen Terrasse seines Hauses in Connecticut. Er pflanzt Stecklinge aus seinem ›Myrtenwald‹ (oben) für die nächste Ernte. Um wirklich gut auszusehen, müssen diese kleinen Bäumchen (links) sorgfältig und mit Überlegung beschnitten werden, damit die gewünschte Form erhalten bleibt (rechts).

Ein kleiner Rosmarinbaum und ein mehrstufiger Ständer für Kräuter und Früchte stehen zwischen Weihnachtszweigen, altem Holzspielzeug und Kerzen auf einem antiken Tisch im Eßzimmer der Lewis'. Kräuterdrucke aus dem »Hortus Romanus« von 1774 hängen darüber. Trockene Blätter sind hinter die Rahmen gesteckt.

WEIHNACHTEN MIT KRÄUTERN

F ür die meisten Menschen ist Weihnachten verbunden mit Gedanken an Kiefern, Tannen, Wacholder, Stechpalmen und Misteln, aber für Menschen, die Kräuter lieben, ist Weihnachten eine Zeit, in der sie ihre Freude an diesen duftenden Pflan-

Die mehrstufige Tischdekoration (oben) aus Duftbällen, Obst, Lavendel, rotem Salbei, Rosmarin, Thymian und Artemisien ist mit Girlanden aus Orangenschalen behängt.

145

Joy Lewis schmückt den kleinen Rosmarinbaum mit Pfefferkuchen und ›Schnee‹ aus Eiweiß und Zucker.

146

Weckmänner stehen im Kreis um ein
Rosmarinbäumchen im Wohnzimmer
der Lewis'.

147

In Nancy Cooleys Eßzimmer paßt die Tischdekoration (oben) zu dem edlen Feiertagskranz und dem Kaminschmuck (links), in dem graue Heiligenblumen, Katzenminze, Strandflieder und Schleierkraut in immergrüne Zweige gesteckt sind.

zen in Form von duftenden Geschenken ausdrücken können, mit denen sie ihre Freunde und ihre Familie entzücken. Mit immergrünen Pflanzen binden sie die Kräuter zu Kränzen und Girlanden, machen Bäume und Baumdekorationen aus ihnen, binden sie zu Sträußen oder Gestecken als Schmuck für die Mitte der Weihnachtstafel, oder sie stellen weihnachtliche Kräutermischungen und Duftkugeln für sich und ihre Freunde her.

Für das alljährliche Fest am Weihnachtsabend bei dem Innenarchitekten Robert K. Lewis und seiner Frau Joy dekoriert Robert die Festtafel mit drei aufeinandergestellten alten gläsernen Tortenplatten, auf die er noch ein handgeformtes Glas setzt. Dann verfertigt er besondere Duftbälle, indem er Muster in Orangen ritzt und die so entstandenen Linien mit Nelken besteckt. Auf jede der drei Tortenplatten häuft er Duftbälle, schmucklose Zitronen, Orangen, Kumquats und kleine

Grapefruits. Einen weiteren Duftball steckt er in die Öffnung des Glases. Blätter von den Kräutern, die er noch im Garten findet, steckt er zwischen die Früchte und verleiht damit dem Schmuck zusätzliche Farbe und Wohlgeruch. (Zweige von getrockneten Kräutern können an Stelle der frischen verwendet werden.) Zum Schluß hängt er noch Streifen aus Orangenschalen, die sich wie festliche Bänder kräuseln, über den Duftball im Glas.

Nancy Cooley, eine Kräuterspezialistin und Expertin für die Herstellung von Kränzen, bevorzugt strengere Kräuterdekorationen in Form von Kränzen und Gestecken für das Eßzimmer und den Salon in ihrem Haus auf Long Island, aber das Wohnzimmer der Familie hat sie mit einem weniger streng gehaltenen Tisch-Bäumchen aus grünen Santolinen und Buchs geschmückt. Sogar in der Küche hängt ein Kräuterschmuck: ein dicker Kranz aus rosaroten getrockneten Hagebutten.

In dem Gesteck im Wohnzimmer (Mitte links) kontrastieren die einfachen Formen von Magnolienblättern, die zum Braunwerden mit einer Glyzerinlösung behandelt worden sind, mit den gefiederten Zweigen von Raute, Artemisie und Wacholder. Rote Äpfel und Kiefernzapfen vermitteln ein Festgefühl. Das Tischbäumchen (oben) aus Santolinen und Buchs ist mit Preiselbeeren, Holzäpfeln und frischen Oliven geschmückt. Ein Hagebuttenkranz (rechts) hängt in der Küche.

In Caprilands wird die natürliche Schönheit des Tannenbaums in der Scheune (links) durch Zweige von Silberartemisie und Schleierkraut erhöht, die zwischen die Zweige gesteckt sind, und durch von der Spitze herabhängende rote Samtbänder. Mrs. Simmons befestigt Artemisia annua *an einem kegelförmigen Drahtgestell (ganz oben)* und macht daraus einen dauerhaften Baum. Im Gewächshaus ist die kleine Fichte (darunter) mit getrockneter Schafgarbe, Strandflieder und Schleierkraut geschmückt.

151

An Weihnachten schmückt die bekannte Kräuterspezialistin Adelma Simmons die 300 Jahre alte Farm Caprilands in Connecticut, wo sie jedes Jahr Tausende von Menschen an ihren Gärten, ihrer Küche und ihrem Wissen Anteil nehmen läßt, in verschwenderischer Fülle mit Kräutern.

Im Eßzimmer hängen von den Balken dicke Bündel Baumwürger und Wacholder voll mit Beeren. In einem anderen Raum hängen Bälle aus rosa Rosenknospen von der Decke. Eine kleine Krippe, die auf Kräutern wie Waldmeister und Thymian, die in Bethlehem geblüht haben sollen, gebettet ist, steht in einer Nische am Kamin im Eßzimmer. Die Schüssel mit Punsch auf dem Beistelltisch ist mit Rosmarin garniert und von einem Kranz aus frischen Kräutern umgeben.

Eine große dunkelgrüne Tanne, mit Zweigen von Silberartemisie und Schleierkraut dekoriert, steht in der Scheune. Das Treibhaus, in

Der klassische Weihnachtspunsch in Caprilands (ganz oben) ist mit Rosmarin garniert und in einen frischen Kranz von Ilex, Efeu, Artemisien, Kiefer, Hagebutten, Ginster, Wacholder, Zimt, Muskat, Lorbeer und Myrte gesetzt. Das Gesteck (darunter) ist aus der Ernte des Gartens und der nahegelegenen Felder und Wälder angefertigt. Baumwürger und Wacholder voller Beeren (rechts) schmücken die Eßzimmerdecke.

152

Pat Carter begrüßt die Gäste in der Muskettoe Pointe Farm (links) mit großen Körben voll trockener Blätter und Blumen. Sie steckt zarte Blattstengel von frischer Pimpinelle dazu, die anmutig über den Rand des Korbes hängen. Der Weihnachtskorb, (oben) ist mit getrockneten Kräutern, einem winzigen Kräuterkranz, Zimtstangen, Lorbeer und Kerzen gefüllt.

dem Jungpflanzen gezogen werden und überwintern, schmückt eine kleine dicke Fichte, besteckt mit Bündeln aus getrockneter Schafgarbe, Meerlavendel und Schleierkraut.

Auf der Farm der Familie Carter in Virginia, die schon auf den Seiten 60—61 abgebildet war, werden die Gäste zu Weihnachten von einem einfachen, schmucklosen Kranz aus Buchsbaum aus dem Garten begrüßt, der außen an der Eingangstür hängt. Ein gewaltiger Korb, hoch gefüllt mit Bündeln von getrockneten Kräutern und Blumen in schönen Farben steht auf der einen Seite der Eingangsstufen. Drinnen, im großen, offenen Wohn- und Eßzimmer, in dem die Carters viel Zeit verbringen, prangt der traditionelle Familienbaum. Pat Carter hat aber noch einen anderen Baum geschmückt und auf einen Tisch in den kleineren offiziellen Salon gestellt. Die kleine Kiefer mit ihren spärlichen Nadeln und ihrer schönen Kräuterdekoration ist nicht an der Tradition orientiert, aber ihr einfacher Charme ist von besonderem Reiz.

Maria Price, eine junge Kräuterexpertin aus Maryland, schmückt ihr Haus zu Weihnachten wieder auf eine andere, sehr persönliche Art. Für das Wohnzimmer verwandelt sie einen Lorbeerbaum im Topf in einen kleinen Weihnachtsbaum; im Eßzimmer steht ein baumförmiges Arrangement aus »Silver King«-Artemisien und Wermut. Ein besonderer Kranz aus Kräutern und Blumen, die sie selbst zieht, prangt über dem Kamin im Wohnzimmer. Er macht deutlich, wie Maria mit Farben und Formen umzugehen versteht, und welche wunderbaren Möglichkeiten es gibt, das Haus festlich mit Kräutern zu schmücken.

Sogar eine Salami wird ein Festgeschenk (rechts), wenn sie mit Lavendel und Zimtstangen geschmückt ist. Der kleine Weihnachtsbaum im Wohnzimmer der Carters (Mitte) ist mit Duftsträußchen aus Amarant, Schafgarbe, Strandflieder und Lavendel behängt (ganz rechts). Winzige rote Herzen geben zusätzliche Farbe.

154

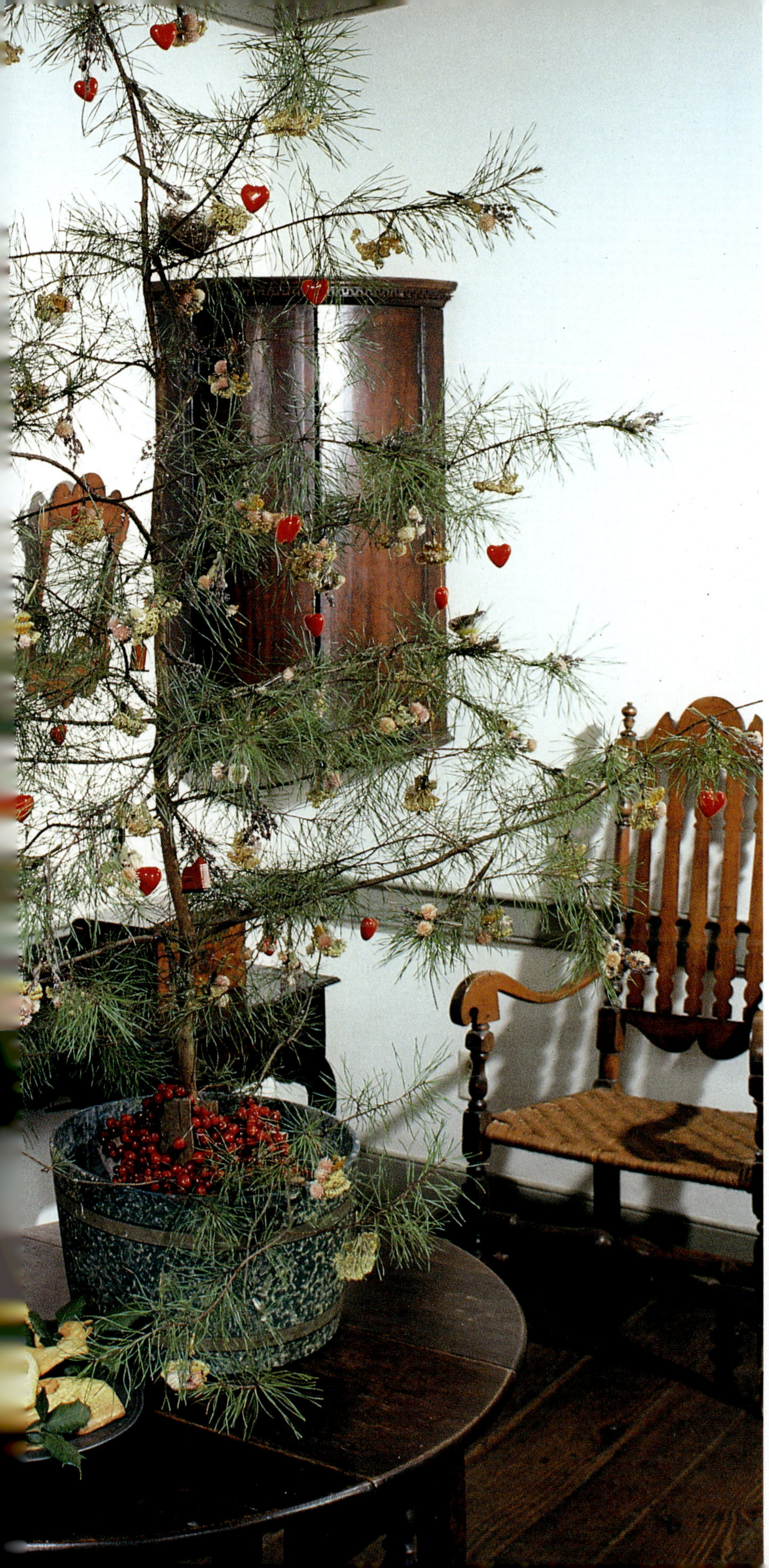
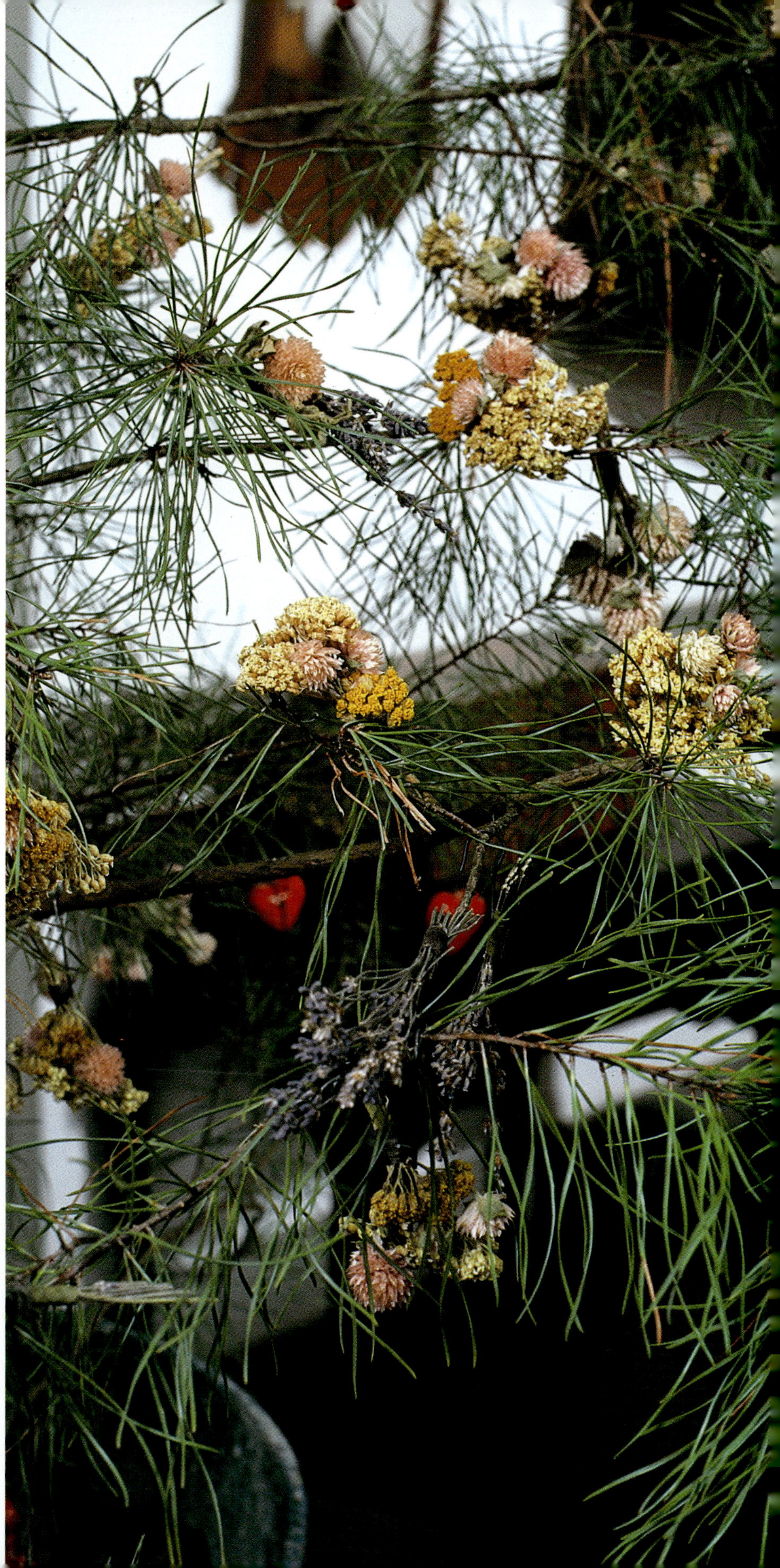

Maria Prices Miniaturweihnachts-
baum ist eigentlich ein baumförmiges
Gesteck von Artemisien und süßem
Wermut mit Hahnenkamm, Knospen
von Heiligenblumen, Mutterkraut
und Knoblauchblüten.

Links: Mit Zuckerglasur bemalte Lebkuchenmänner und Kräutersträußchen machen aus Marias eingetopftem Lorbeerbaum einen Weihnachtsbaum.

Der grandiose Weihnachtskranz über dem Kamin der Prices besteht aus Rosen, Amarant, Strohblumen, Hahnenkamm, Lavendel, etwas Strandflieder, Knospen und Blättern von Heiligenblumen, Artemisien und Blättern von Duftgeranien.

Kräuterküche

*K*räuter vermögen den Geschmack eines Gerichts zu unterstreichen, zu verstärken oder zu verändern. Denken Sie z. B. an Tomaten, Brot, Lamm und Fisch: saftige rote Tomaten mit frischem Basilikum bestreut, ein frisch gebackenes Brot, das stark nach Petersilie und Dill duftet, eine gebratene Lammkeule, die mit Knoblauch und Rosmarin gewürzt wurde, oder ein gegrillter, mit Fenchel abgeschmeckter Seebarsch — die Kräuter sind hier unentbehrlich. Neben der Zubereitung mit diesen Kräutern gibt es noch viele andere Varianten.

Alles vom Essig bis zu Plätzchen (links) wird durch das besondere Aroma von Kräutern verfeinert. Knoblauch (oben links) und Chilischoten (oben rechts) trocknen in der Sonne.

Am besten lernen Sie mit Kräutern zu kochen, wenn Sie zunächst Rezepte ausprobieren, bei denen nur jeweils ein Kraut verwendet wird. Danach beginnen Sie, ein Kraut mit einem anderen zu kombinieren. Denken Sie nur daran, daß man zwei intensive Kräuter wie Rosmarin und Salbei nicht vermischen sollte. Wenn Sie ein Gericht mit einem kräftigen und einem sanften Kraut würzen wollen, dann nehmen Sie von dem stark aromatischen Kraut nur sehr wenig, damit das zarte Aroma des anderen Krautes nicht erschlagen wird. Denn mit nur etwas zuviel von einem Kraut kann man ein Gericht auch schnell verderben.

Experimentieren Sie auch mit eßbaren Blüten. Sie sind nicht nur schön, sie schmecken auch gut.

Im »Chez Panisse« serviert Alice Waters frische Brombeeren in crème anglaise mit zartem Rosenaroma. Als letzter Pfiff werden ein paar Blütenblätter einer frischen Rose darübergestreut.

Maria Price verziert ihre ›Pfirsiche‹ jeweils mit einem gezuckerten Minzeblatt (Rezept auf Seite 224).

Kochen mit Kräutern

Bei den meisten Rezepten können getrocknete Kräuter durch frische ersetzt werden. Sie müssen berücksichtigen, daß getrocknete Kräuter im Aroma konzentrierter sind als frische, so daß die Mengen jeweils angepaßt werden müssen. Die Grundregel lautet: 1 EL frische Kräuter = 1 TL getrocknete Kräuter oder 3 zu 1.

Da frische Kräuter ihr Aroma beim Kochen verlieren, gibt man sie erst am Schluß dazu. Eine Ausnahme ist Lorbeer, der sein Aroma erst während des Kochens voll entwickelt.

Aufbewahrung der Kräuter zum Kochen

Die meisten aromatischen Kräuter wie Thymian, Rosmarin, Winterbohnenkraut, Salbei und Lorbeer behalten in getrocknetem Zustand ihr typisches Aroma. Einige Kräuter wie Petersilie, Schnittlauch und Zitronenmelisse hingegen verlieren nach dem Trocknen so viel von ihrem spezifischen Geschmack, daß es keinen Sinn hat, sie auf diese Weise aufzubewahren. Andere Kräuter, die beim Trocknen viel Aroma verlieren, verdienen trotzdem einen Platz auf Ihrem Küchenbord. Auch wenn sie nach dem Trocknen weniger aromatisch sind, schmecken sie immer noch viel intensiver als die üblichen Kräuter, die man in den meisten Lebensmittelgeschäften kaufen kann. Anleitungen zum Trocknen von Kräutern finden Sie auf den Seiten 106—107.

Getrocknete Kräuter büßen leicht ihr Aroma ein, wenn sie Licht und Hitze ausgesetzt sind. Sie sollten daher an einem dunklen, kühlen Ort in fest verschlossenen Gefäßen aufbewahrt werden. Nach sechs Monaten beginnt auch das Aroma vorschriftsmäßig aufbewahrter Kräuter sich zu verflüchtigen. Deshalb sollten Sie Ihre Kräuter nach einem Jahr ersetzen. Aber zum Glück hält dann Ihr Garten schon wieder eine neue, duftende Ernte bereit.

Eine Alternative zum Trocknen ist das Tiefkühlen. Tiefgekühlte Kräuter behalten den größten Teil ihres Aromas. Sie können beim Kochen wie frische Kräuter verwendet werden. Da sie aber beim Tiefkühlen schlaff und manchmal farblos werden, sind sie nicht sehr appetitlich in Salaten und eignen sich nicht mehr zum Garnieren. Kleine Bündel aus Kräutern wie Minze und Schnittlauch lassen sich gut in Folie wickeln und ins Tiefkühlfach legen. Sie können dann nach Bedarf abgeschnitten und gehackt werden. Sie können die Kräuter auch vor dem Einfrieren hacken und dann in Plastikbehältern aufbewahren. Basilikum sollte in ganzen Blättern in einem Gefäß eingefroren und nach Bedarf einzeln herausgenommen werden. Obgleich die Basilikumblätter schwarz werden können, bleiben sie fast so aromatisch wie frisch gepflückte Blätter aus dem Garten. Wenn Sie frische Minzesauce lieben, dann hacken Sie Minzeblätter klein und frieren sie mit der in Ihrem Rezept angegebenen Menge Zucker zusammen ein. Wenn Sie dann eine Minzesauce zubereiten wollen, geben Sie etwas von der gezuckerten Minze in eine Pfanne, gießen Essig dazu und bringen sie zum Kochen.

Eine andere einfache Methode Kräuter aufzubewahren, eignet sich besonders gut für Koriander und Dill. Sie pürieren die frischen Blätter mit ein bißchen Wasser und frieren sie als Eiswürfel ein. Wenn die Kräuter gefroren sind, kommen sie in einem Beutel in Ihre Tiefkühltruhe. Bei Bedarf geben Sie jeweils einen Würfel an Ihre kochenden Suppen, Eintöpfe oder Saucen. Ein Würfel entspricht ungefähr einem Eßlöffel frischer Kräuter. Auch Basilikum kann auf diese Weise aufbewahrt werden. Es kann aber auch mit Öl püriert und anschließend eingefroren werden. Das Basilikum ist dann fertig, um zum *pesto* weiterverarbeitet zu werden oder um Suppen und Saucen zu würzen.

Frisch gepflückte Kräuter und fröhliche Ringelblumen, der Safran des ›kleinen Mannes‹ (S. 164 oben links), werden an einer Straßenecke in Nantucket verkauft. Kräuter verleihen Dosentomaten, sauer eingelegten Gemüsen und anderen Speisen (S. 164 unten links) ein besonderes Aroma. Zum Mittagessen in ihrem Farmhaus in Virginia (S. 164 rechts) würzt Pat Carter die Speisen mit frischen Kräutern, die zugleich Tisch und Teller schmücken. Dill und Thymian garnieren die Salate, Ananassalbei gibt dem Eistee Pep, und Schafgarbe, Fingerhut und Salbeiblüten bilden ein reizendes, ländliches Bouquet.
Ein Rosengeraniumblatt verleiht Apfelgelee (oben links) ein feines Aroma. Zwiebeln, Knoblauch und Schalotten (links) auf einem ländlichen Markt in Frankreich.

166

Kleine Kräutervorspeisen

Viele Kräuter gelten als appetitanregend. Was könnte also besser sein, als eine Mahlzeit mit einem kleinen Gericht zu beginnen, das verführerisch nach einem dieser Kräuter schmeckt. Sie könnten Ihren Vorspeisen zum Beispiel einen Hauch von bittersüßem Dill, von feurigen Chilis, von Bohnenkraut und Kümmel, von würzigem Kreuzkümmel oder von pikantem Fenchel verleihen. Auch Minze, Basilikum, Rosmarin, Sauerampfer und Ingwer können Sie bei vielen Ihrer Lieblingsrezepte verwenden.

Geben Sie etwas Salbei an Ihr Käsegebäck und reichen Sie es zu Cocktails. Mit Ingwer bestreute Melonenstückchen eignen sich vorzüglich als Appetitanreger. Mit etwas *pesto* bestrichene Toastdreiecke schmecken exzellent zur Suppe. Einige kleingehackte Blätter von Basilikum oder Minze verfeinern eine hausgemachte Hühnerbrühe, zerkleinerte Blätter und ganze Blüten von Kapuzinerkresse eine Kartoffelsuppe. Und können Sie sich zu einem sommerlichen Abendessen eine bessere Vorspeise denken als ein mit Basilikum gewürztes Tomatensorbet (Seite 171)?

Hier sind noch mehr köstliche Rezepte für kleine Appetithäppchen und Vorspeisen, bei denen die verschiedensten Kräuter verwendet wurden.

FRITIERTE SALBEIBLÄTTER

Für 6 Personen

Dieses Rezept wurde zum ersten Mal von den Römern zubereitet. Zum Glück ist es bis heute nicht verlorengegangen. Obwohl diese kleinen, zarten Blätter traditionsgemäß nach dem Essen zur Verdauung verzehrt wurden, sind sie auch köstlich zu Drinks oder zur Suppe als Beilage. Salbeiblätter sind am bekanntesten und appetitanregendsten, aber auch Borretsch mit seinem leichten Gurkenaroma, Basilikum oder Sauerampfer eignen sich gut für dieses Rezept.

3	Dutzend frische Salbeiblätter
1	EL Butter
½	Tasse Weizenmehl
1	Prise Salz
¼	Tasse Milch
	Pflanzenöl zum Ausbacken
1	Eiweiß

Salbeiblätter vorsichtig waschen und trocknen und dabei nicht zerdrücken. Die Butter in einer Kasserolle in einer ½ Tasse Wasser bei schwacher Hitze schmelzen, zur Seite stellen und lauwarm werden lassen.

Mehl und Salz in einer Schüssel vermischen, die Butter-Wasser-Mischung langsam in die Milch rühren, zu dem Mehl geben und so lange weiterrühren, bis der Teig eine glatte, geschmeidige Konsistenz hat. Zudecken und 1 Stunde lang bei Zimmertemperatur ruhen lassen.

Ungefähr 2,5 cm hoch Öl in eine große Pfanne geben und erhitzen. Die Temperatur ist richtig, wenn ein kleiner Tropfen Teig schnell braun wird, aber nicht verbrennt. Das Eiweiß steifschlagen, in den Teig geben und vorsichtig unterziehen. Einige Salbeiblätter in den Teig tauchen und nacheinander in das heiße Öl geben. Dabei sollte die Pfanne nicht zu voll gemacht werden. Die Blätter müssen einmal gewendet werden. Sie sind fertig, wenn sie auf beiden Seiten goldbraun sind.

167

GEFÜLLTE MUSCHELN

Für 6 Personen

Chris Mead, dessen Garten auf den Seiten 34—35 zu sehen ist, holt die Muscheln frisch aus der Bucht in der Nähe seines Hauses, hackt sie, gibt Kräuter dazu und füllt die Mischung wieder in die Schalen, bevor sie geschmort werden. Er serviert die Muscheln als Vorspeise eines Abendessens oder als Hauptgang eines sommerlichen Mittagessens.

3   Dutzend Jakobsmuscheln
3   Selleriestangen
1   Zwiebel
3   Tassen getrocknete Brotkrumen
4   EL Butter
    Fein geriebene Schale von zwei Zitronen
    Saft von 1 Zitrone
2   TL getrockneter Thymian oder 2 EL gehackter frischer Thymian
3   TL getrocknetes Origano oder 3 EL gehacktes frisches Origano
    Salz und frisch gemahlener Pfeffer

Die Muscheln säubern, aus den Schalen lösen und 24 halbe Schalen zum Servieren aufheben. (Sie können auch tiefgekühlte Muscheln nehmen.) Muschelfleisch, Sellerie und Zwiebel grob hacken. (Wenn Sie eine Küchenmaschine verwenden, darauf achten, daß die Zutaten nicht zu klein gehackt werden.)

Die Butter in einer großen Kasserolle zerlassen. Muscheln, Sellerie, Zwiebel, Brotkrumen und ½ Tasse Wasser in die zerlassene Butter geben und alles gut umrühren. Die Hälfte der geriebenen Zitronenschale (die andere Hälfte zum Garnieren aufheben), den ganzen Zitronensaft und die frischen Kräuter hinzugeben. Mit Salz und Pfeffer würzen und gut umrühren.

Den Backofen oder Grill vorheizen. Die fertige Mischung in die 24 Muschelschalen verteilen, auf ein Backblech setzen und ungefähr 10 Minuten überbacken, bis sie gebräunt sind. Zum Schluß mit Zitronenschale garnieren.

KRÄUTERWALNÜSSE

Ergibt 450 g geröstete Nüsse

Mit Rosmarin gewürzte Walnüsse
schmecken vorzüglich zum Aperitif
und aromatischer als die üblichen in
Salz gerösteten Nüsse. Versuchen Sie
dieses Rezept zur Abwechslung mit
Salbei, oder rösten Sie Cashewkerne
mit gemahlenem Kreuzkümmel oder
Mandeln mit gemahlenem Ingwer.
Nüsse im Ofen zu rösten, ist einfach.
Sie werden feststellen, daß sie besser
schmecken als die fertig gerösteten
Nüsse, die Sie kaufen können.

2	EL Butter
2	EL Olivenöl
450	g Walnußhälften
1½	EL zerdrückter, getrockneter Rosmarin oder 5 EL fein gehackter frischer Rosmarin
1	TL Rosenpaprika
2	TL Salz

Den Backofen auf 160°C vorheizen.
Butter und Öl in einer großen Brat-
pfanne zerlassen. Die Nüsse in die
Pfanne streuen, umrühren, damit sie
von allen Seiten von der Butter-Öl-

Mischung überzogen werden und
dann auf einem Backblech ausbreiten.

Rosmarin, Paprika und Salz gleichmäßig über die Nüsse streuen. Die
Nüsse 20—25 Minuten im Backofen
rösten und dabei öfter schütteln, bis
sie goldbraun, aber nicht angebrannt
sind. Wenn nötig, auf Küchenkrepp
abtropfen lassen. Die Nüsse können
warm serviert werden.

Mit Kräutern gewürzte, gefüllte Muscheln werden auf einem alten Trag-
gitter serviert (links). Kräuterwalnüsse
(oben) sind mit einer Girlande von
frischem Rosmarin umlegt.

ERFRISCHENDE KRÄUTERSORBETS

Um die Jahrhundertwende wurde immer ein Sorbet gereicht, um den Gaumen zwischen den einzelnen Gängen eines üppigen Menüs zu erfrischen. »Inzwischen wissen die Amerikaner das gute Essen mehr zu schätzen«, sagt Peter Godoff. »Aber es ist eine andere Art Essen«, fügt er hinzu. »Die Nouvelle Cuisine hat ihr Interesse an leichterem Essen, an kleinen Portionen und frischen Zutaten geweckt.« Frische Früchtesorbets sind ein Teil des Repertoires der Nouvelle Cuisine. Peter meint, daß das gesundheitsbewußte Amerika das Sorbet neu entdecken wird. Deshalb gründete er die Firma »American Glacé«, die kalorienarme Sorbets mit frischen Früchten und Kräutern herstellt.

Die neue Küche, »eine Küche der Spontaneität, die alles, was am Tage gerade frisch ist, schnell zubereitet«, wie Peter definiert, hat sein starkes Interesse an Kräutern geweckt.

Als er mit Sorbets zu experimentieren begann, kam er auf die Idee, Kräuter sowohl in Desserts als auch bei ersten und zweiten Zwischengängen zu verwenden. Peter holte Kräuter aus seinem Terrassengarten oder kaufte sie bei seinem Gemüsehändler und probierte damit stundenlang zu Hause Rezepte aus, die er jetzt professionell herstellt. Seine Sorbets, so sagt er, lassen die Leute das Aroma eines Krautes, das sie vielleicht auch schon verwendet haben, zum ersten Mal intensiv schmecken und genießen.

Alle folgenden Sorbetrezepte basieren auf einem Kräutersirup. Man kocht ein Kraut in einer Zucker-Wasser-Mischung — die wesentliche Grundlage aller Sorbets. Dieser Sirup hält sich gut in der Tiefkühltruhe. Sie können also im Sommer, wenn es viele Kräuter gibt, große Mengen herstellen und dann im Dezember oder Januar den frischen Kräutergeschmack genießen.

Sorbets, die in einer Eismaschine hergestellt werden, haben eine glattere Konsistenz als die im Tiefkühlfach gefrorenen. Peter ist der Meinung, daß die Sorbets am besten schmecken, wenn sie frisch aus der Maschine kommen und kurz vor dem Festwerden sind. Aber Sie können die in der Eismaschine hergestellten Sorbets auch in der Tiefkühltruhe aufbewahren. Ihre Konsistenz wird dann etwas körnig, aber ihr Aroma wird nicht beeinträchtigt.

Wenn Sie keine Eismaschine haben, können Sie Sorbets in Tiefkühlbehältern einfrieren. Wenn sie halbgefroren sind, nehmen Sie den Behälter heraus, rühren gut um und stellen ihn zurück ins Tiefkühlfach, bis das Sorbet fest geworden ist. Die nach dieser Methode hergestellten Sorbets werden immer körnig. Um sie glatter zu machen, können Sie die Eiskristalle mit einer Gabel zerdrücken oder das Sorbet kurz vor dem Servieren eine Minute lang im Mixer pürieren.

Peter hat die folgenden Rezepte speziell für kleine Eismaschinen und Tiefkühlgeräte kreiert.

KRÄUTERSIRUP ALS GRUNDLAGE FÜR ALLE SORBETS

2 Tassen Zucker
¼ Tasse frisch gehackte Kräuter (nach Rezept)
5 Tassen Wasser

Zucker, Kräuter und Wasser zusammen in eine Kasserolle geben. Die Mischung zum Kochen bringen, gelegentlich umrühren, damit sich der Zucker auflöst. Wenn der Sirup zu kochen beginnt, Temperatur herunterschalten und 5 Minuten lang köcheln lassen. Den Sirup auf Zimmertemperatur abkühlen lassen und über Nacht in den Kühlschrank stellen. Am nächsten Morgen durchseihen und nach Rezept weiter verwenden.

Alle folgenden Rezepte ergeben ungefähr 1 Liter. Dessert-Sorbets finden Sie auf Seite 226.

Ein erfrischendes Rosmarinsorbet (rechts) kann man mit einem Rosmarinzweig dekorieren, den man in leicht geschlagenes Eiweiß und dann in Zucker taucht. Ein kräftig grünes Basilikumblatt ziert das zartrosa Basilikumsorbet (unten).

TOMATEN- UND BASILIKUMSORBET

Ergibt ungefähr 1 Liter

1¼ Tassen Basilikumsirup, nach dem vorstehenden Rezept zubereitet
2½ Tassen frisches Tomatenpüree
1 EL Tomatenmark
¼ Tasse russischer roter Pfefferwodka (Wenn Sie keinen roten Pfefferwodka bekommen können, verwenden Sie ¼ Tasse normalen Wodka, mischen Sie ¼ TL Cayenne-Pfeffer hinein und lassen ihn 24 Stunden lang ziehen)
1 TL frischer Zitronensaft

Alle Zutaten in einer Schüssel mischen und die Mischung in eine Eismaschine geben oder in das Gefrierfach Ihres Kühlschranks stellen. Wenn das Gefrierfach benutzt wird, das halbgefrorene Sorbet umrühren, um die Eiskristalle aufzulösen und wieder einfrieren. Diesen Vorgang mehrmals wiederholen, damit das Sorbet eine glattere Konsistenz bekommt.

ROSMARINSORBET

Ergibt knapp 1 Liter

¼ Tasse Rosmarin
2 Tassen Zucker
5 Tassen Wasser
2 Tassen trockener Weißwein
6 EL frischer Zitronensaft

Nach dem Rezept auf Seite 170 einen Sirup aus Rosmarin, Zucker und Wasser zubereiten.

2½ Tassen Sirup mit Wein und Zitronensaft zusammengießen. Die Mischung in eine Eismaschine oder in das Gefrierfach des Kühlschranks geben. Wenn das Gefrierfach benutzt wird, das halbgefrorene Sorbet umrühren, damit sich die Eiskristalle auflösen. Dann wieder einfrieren. Diesen Vorgang öfter wiederholen, damit das Sorbet eine glattere Konsistenz bekommt.

Backen mit Kräutern

Da ich aus einer Familie von Bäckern stamme, bin ich vermutlich besonders empfänglich für die wunderbaren Düfte, die aus dem Ofen kommen, wenn darin Brote, Kuchen und Plätzchen gebacken werden. Wenn diese Düfte noch durch die Zugabe von Kräutern verstärkt werden, haben sie für mich ihren absoluten Höhepunkt erreicht.

Die verschiedensten Brote, Brötchen und salzigen Gebäcksorten verlangen geradezu danach, mit Kräutern verfeinert zu werden. Probieren Sie die nachfolgenden Rezepte, holen Sie Ihre Lieblingskräuter aus Ihrem Garten und versuchen Sie Ihr Glück.

Irische ›Scones‹

Ergibt 32 Scones

Dieses Gebäck — aus dem irischen Sodabrot hervorgegangen — ist besonders typisch für den Kontrast zwischen dem warmen, würzigen Geschmack von Kümmel und der Süße von Korinthen.

18	EL Butter
5½	Tassen Weizenmehl
¾	Tasse Zucker
¼	Tasse Backpulver
1½	Tassen Sauermilch (Sie können nicht pasteurisierte süße Milch säuern, indem Sie einige Tropfen Zitronensaft hinzufügen und sie einige Minuten stehenlassen)
½	Tasse Joghurt
2½	EL Kümmel
1¼	Tassen Korinthen
1	großes Eigelb, geschlagen

Den Backofen auf 180°C vorheizen. Die Butter in kleine Stücke schneiden und in eine Schüssel geben. Die Butter mit einem elektrischen Rührgerät oder zwei Messern mit Mehl, Zucker und Backpulver so vermischen, daß die Mischung die Konsistenz von grobem Maismehl annimmt.

Sauermilch und Joghurt vermischen und schnell mit einer Gabel in die vorbereitete Mehlmischung einrühren. Den etwas klebrigen Teig auf ein bemehltes Brett geben, Kümmel und Korinthen darüberschütten und schnell in den Teig kneten, ohne ihn dabei zu sehr zu bearbeiten.

Den Teig in vier gleiche Teile teilen, aus jedem Teil eine Rolle von 2½ cm Dicke formen und diese wiederum in acht Stücke schneiden. Die Stücke auf ein leicht bemehltes Backblech setzen und mit geschlagenem Eigelb bestreichen.

Ungefähr 15 Minuten backen, bis die Scones goldbraun und gar sind.

Gewöhnliche Scones werden durch die Beigabe von Kümmel und Korinthen etwas Besonderes (rechts). Eine lockere, goldbraune Kräutergougère (S. 173) kann zu Drinks oder als Vorspeise serviert werden.

172

Kräutergougère

Für 6 Personen

Gougère, *ein lockeres Käsegebäck aus Brandteig, ist in Frankreich eine traditionelle Beigabe zu Cocktails. Sie können das Grundrezept auf schmackhafte Weise variieren, indem Sie aromatische Blätter von Dill, Petersilie und Schnittlauch hinzufügen. Sie können den Teig in kleine Stücke aufteilen, einzeln backen und zu kleinen Vorspeisen reichen oder als ganzen Ring backen und als Appetitanreger zu Drinks anbieten. Wenn Sie die Ringmitte mit einem Hühner-, Fisch- oder Krabbensalat ausfüllen, haben Sie ein wunderbares Gericht für ein sommerliches Mittagessen.*

8   EL Butter
¼   TL Salz
1   Tasse Weizenmehl
4   Eier
1   Tasse grob gemahlener Gruyère
1   EL gehackte frische Petersilie
1   EL gehackter frischer Dill
1   EL gehackter frischer Schnittlauch

Butter, Salz und 1 Tasse Wasser zusammen in einen Topf geben. Alles zum Kochen bringen. Den Topf vom Feuer nehmen. Das Mehl auf einmal hineingeben und so lange mit einem Holzlöffel rühren, bis sich das Mehl vollständig mit den anderen Zutaten verbunden hat. Den Topf zurück auf die Kochstelle setzen und bei mäßiger Hitze weiterrühren, bis der Teig sich vom Topfrand löst.

Den Topf vom Feuer nehmen und die Eier einzeln nacheinander hineinschlagen. ⅔ Tasse Käse und alle gehackten Kräuter hineinrühren.

Den Backofen auf 220°C vorheizen. Den Teig eßlöffelweise auf ein nicht gefettetes Backblech geben, um einzelne Teigteilchen daraus zu machen oder den Teig eßlöffelweise nebeneinander auf das Blech setzen, um daraus einen Ring zu formen. Den restlichen Käse darüber streuen. Das Gebäck ungefähr 20—30 Minuten backen, bis es aufgegangen und goldbraun ist. Warm servieren.

PESTO-BROT

Ergibt 2 Brote

Dieses mit pesto *verfeinerte Brot ist köstlich zu einfachem gegrillten Fleisch und schmeckt vorzüglich zu Käse und Tomaten bei einem Picknick oder zu einem leichten Abendessen mit Suppe und Salat.*

    Pesto (Rezept folgt)
1½ Päcken Trockenhefe
  2 Tassen warmes Wasser
1½ TL Salz
  1 TL Zucker
  6 oder 7 Tassen Weizenmehl
    Gelbes oder weißes Maismehl
    fürs Backblech

Bereiten Sie den Pesto zu.
Die Hefe in einer großen Schüssel in dem warmen Wasser auflösen und Salz, Zucker und etwas Mehl dazugeben. Gründlich umrühren. Den Vorteig beiseite stellen bis er schaumig geworden ist. Das Mehl tassenweise mit einem Holzlöffel unter den Vorteig schlagen bis ein glatter Teig entsteht. Den Teig auf ein leicht bemehltes Brett geben und einige Minuten ruhren lassen. So lange kneten, bis er elastisch ist. Dann in eine mit Öl ausgepinselte Schüssel legen, mit einem Tuch bedecken und an einem warmen, zugfreien Ort gehenlassen, bis sich sein Umfang verdoppelt hat (1½ Stunden). Den Teig wieder auf ein bemehltes Brett legen und noch einmal durchkneten. Den Teig in zwei Hälften teilen, in zwei Rechtecke ausrollen, die jeweils 25 auf 30 cm groß sind und auf jedes Rechteck eine dünne Schicht Pesto-Mischung streichen. Dabei einen Rand von 2,5 cm lassen. An der langen Seite beginnend, jedes Teigrechteck zu einem Zylinder zusammenrollen und zu einem Brot formen. Die Brote noch 5 Minuten gehen lassen.

Das Backblech mit Maismehl bestreuen und die Brote darauflegen. Die Laibe mit kaltem Wasser bestreichen und in den kalten Ofen schieben. Eine Schale mit kochendem Wasser auf den Boden des Ofens stellen und ihn auf 200°C erhitzen. Die Brote ungefähr 35—40 Minuten backen, bis sie braun geworden sind und hohl klingen, wenn man auf ihre Unterseite klopft. Die Brote auf ein Gitter legen, damit sie langsam abkühlen können. Noch warm servieren, weil dann ihr Aroma am besten zur Geltung kommt.

PESTO

  2 Tassen frische Basilikumblätter
 ½ Tasse Petersilienblätter
 ½ Tasse Olivenöl
  2 Knoblauchzehen
  1 TL Salz
 ½ Tasse frisch geriebener Parmesan

Basilikum, Petersilie, Öl, Knoblauch und Salz zusammen in einem Mixer pürieren. Den Käse hineinrühren. Falls etwas Pesto übrigbleibt, im Kühlschrank aufbewahren, indem man etwas Öl darübergießt, oder einfrieren.

Pesto ist in einen knusprigen Brotlaib eingerollt (oben links). Probieren Sie auch das Rezept mit anderen Kräutern wie Koriander, Petersilie oder Dill.

Verziert mit blühendem Zitronenthymian und Zitronenmelisse, sieht Zitronen-Teebrot ebenso gut aus, wie es schmeckt.

Zitronen-Teebrot

Nach Zitronen duftende Kräuter und Zitronensaft geben diesem Brot sein Aroma.

¾ Tasse Milch
1 EL feingehackte Zitronenmelisse
1 EL fein gehackter Zintronenthymian
2 Tassen Weizenmehl
1½ TL Backpulver
¼ TL Salz
6 EL Butter, Zimmertemperatur
1 Tasse Zucker
2 Eier, geschlagen
1 EL geriebene Zitronenschale

Eine Kastenform von ungefähr 22 × 12 × 7 cm ausbuttern. Den Backofen auf 160°C vorheizen. Die Milch mit den gehackten Kräutern erhitzen, ziehen lassen, bis die Milch kalt ist.

Mehl, Backpulver und Salz in einer Schüssel vermischen. Die Butter in einer anderen Schüssel cremig schlagen und langsam den Zucker dazugeben. Die Creme so lange schlagen, bis sie weich und locker ist. Die Eier nacheinander hineinschlagen und den Zitronensaft hineinrühren. Abwechselnd Mehlmischung und Kräutermilch in die Creme geben und so lange rühren, bis alle Zutaten gut vermischt sind.

Den Teig in die vorbereitete Backform geben. Die Backzeit beträgt ungefähr 50 Minuten. Wenn man mit einem Zahnstocher mitten in das Brot sticht und kein Teig kleben bleibt, ist das Brot fertig. Ein Kuchengitter auf Backpapier stellen und das Brot darauflegen. Das noch heiße Brot mit Zitronenglasur überziehen und abkühlen lassen. Mit einigen Zweigen Zitronenthymian dekoriert servieren.

Zitronenglasur

Saft von 2 Zitronen
Puderzucker

Den Zitronensaft in eine Schale gießen und den Zucker hineinrühren bis eine dicke, zähflüssige Paste entsteht. Das heiße Brot damit glasieren.

175

Alle Käse auf diesem Käsegitter sind nach demselben einfachen Rezept bereitet. Die Vielfalt entsteht durch die verschiedenen Kräuter und Formen.

KRÄUTERKÄSE

D er Marquis de Montferrier und seine Frau leben in einem schönen alten Haus, das einst der Wohnsitz des Oberpächters von Schloß Villandry war. Hierher brachten die anderen Pächter die Erzeugnisse ihrer Felder als Pachtzins. An das schöne, alte, mit Antiquitäten gefüllte Haus schließt sich eine Terrasse mit Blick auf den Garten und einen kleinen Teich an — eine überraschend elegante Umgebung für eine Ziegenfarm und *fromagerie*. Die große Scheune auf der einen Seite des Hauses beherbergt eine Herde reinweißer Zuchtziegen, die speziell wegen ihrer Milch gezüchtet wurden, die von der Marquise in köstlichen Käse verwandelt wird.

Nach einer in Frankreich vorgeschriebenen, erfolgreich abgeschlossenen dreijährigen Lehre ist sie konzessionierte Herstellerin für Ziegenkäse. In ihrer kleinen weißen *fromagerie* schüttet sie die Milch des morgendlichen und abendlichen Melkens zusammen, fügt Lab hinzu und läßt die Mischung gerinnen. Zum Abtropfen füllt sie die geronnene Milch in Käseformen. Ältere Käse stehen zum Abtropfen und Trocknen auf Tabletts vor dem blaugestrichenen Fenster. Die Käse haben traditionelle Formen: stumpfe Pyramiden (Valencay), stumpfe Kegel (Selles), lange baumstammförmige Stücke (Sainte-Maures) und kleine runde Scheiben (Crottins).

Einige sind in einen pikanten Mantel von getrocknetem Basilikum und Bohnenkraut oder Pfeffer gehüllt; andere sind mit einem dünnen Film Pflanzenasche überzogen, um sie feucht zu halten. Wenn die Käse, die frisch gegessen werden sollen — sie sind mild gewürzt, weich und cremig in der Konsistenz — genügend getrocknet sind, werden sie an Restaurants der Gegend geliefert oder auf den Märkten der Umgebung verkauft. Die anderen kommen zum Reifen in einen Kühlraum. Während des Alterungsprozesses wird ihr Geschmack schärfer und ihre Konsistenz trockener und fester. Die Käse können je nach Geschmack in unterschiedlichen Zeiten ihres Reifungsprozesses verzehrt werden.

Auch in England und den Vereinigten Staaten wird eine solche Käseherstellung in kleinerem Rahmen immer beliebter. Als John Saun-

Der englische Käsehersteller John Saunders formt Kräuterziegenkäse (oben) in traditionellen französischen Herzmodeln.

177

Frische Ziegenkäse aus der Calistro-Molkerei in England (ganz links) werden in Kräuteröl mariniert. Die Tür führt zu der Käserei der Montferriers (ganz oben), wo Kräuterziegenkäse auf einem Brett vor dem Fenster trocknen (links). Die reinrassigen Ziegen (oben) versammeln sich im Hof vor der Scheune.

ders und seine Frau Sandy die Milch ihrer Angoraziegen, die sie auf ihrer Farm im Süden von London züchten, nicht mehr absetzen konnten, fuhren sie nach Frankreich, um die Käseherstellung kennenzulernen. Sie sahen französischen Ziegenkäseherstellern bei der Arbeit zu, kauften traditionelle Formen wie Herzen, kleine Stämme und Glocken und kehrten zu ihrer Ziegenherde nach England zurück. Jetzt stellen sie hundert Käse am Tag her, würzen sie mit Schnittlauch und Pfeffer, legen sie in Olivenöl mit Kräutern oder belassen sie in ihrem natürlichen Zustand. Sie verkaufen ihre Produkte an örtliche Käseläden, Restaurants und direkt auf ihrer Farm.

Gail LeCompte begann 1979 auf ihrer Farm in New Jersey mit der ersten (und jetzt größten) Fabrikation von Ziegenkäse in den USA. Sie hatte zuerst mit Hilfe ihres Mannes — eines Chemikers — und eines Professors für Molkereiwissenschaft in ihrer Küche experimentiert und allmählich gelernt, Käse zu machen. Gail produziert jetzt traditionelle französische Käse — einen frischen Chèvre mit verschiedenen Kräutern gemischt, kleine in Kräuter gewälzte Crottins, einfache ungewürzte Käse und ›Saanen‹, einen halbweichen Schnittkäse nach eigenem Rezept. Stücke von Saanen legt sie manchmal in Olivenöl, das sie mit Origano und einem Hauch von Thymian und Knoblauch würzt.

Gail rät jedem, der Käse zu Hause selbst herstellen will, die Milch zu pasteurisieren, indem man sie bis auf 60° erhitzt und 30 Minuten lang bei dieser Temperatur hält. »Dadurch erhalten Sie ein gesünderes und länger haltbares Produkt«, sagt sie. Wenn Sie Ziegenmilch kaufen, prüfen Sie nach, ob sie schon, wie allgemein üblich, pasteurisiert ist.

Einfache Frischkäse können mit Kräutern und Gewürzen auf verschiedene Weise gewürzt werden. Versuchen Sie die hier aufgeführten Rezepte, und probieren Sie auch die etwas komplizierteren Hartkäse oder die weichen, zerlaufenden Käse wie Brie.

Ein einfacher Frischkäse

Ergibt 1½ bis 2 Tassen Käse

Ein einfacher Frischkäse wird in zwei Arbeitsgängen hergestellt: 1. die Herstellung des Quarks und 2. das Trocknen des Quarks. Altern ist nicht notwendig. Im allgemeinen gibt man Lab in die Milch, um den Gerinnungsprozeß zu beschleunigen, aber auch ohne Lab kann sich Quark bilden. Warmes Wetter kann den Prozeß beschleunigen. Wenn Sie Lab verwenden, seien Sie nicht ungeduldig und versuchen Sie nicht, durch weitere Zugaben die Gerinnung voranzutreiben. Der Käse hat ein besseres Aroma, wenn Sie ihm etwas mehr Zeit zur Entwicklung lassen.

- 1 knapper Liter Ziegenmilch (eventuell auch Kuhmilch, falls Ziegenmilch nicht erhältlich ist)
- 2 Tassen süße Sahne
- 3 EL Buttermilch
- 1 Labtablette oder ⅛ TL flüssiges Lab
- 1 TL Salz

Milch, Sahne und Buttermilch bis auf 60°C erhitzen, keinesfalls höher. Das Lab hineinrühren und die Mischung stehenlassen, bis der Quark fest ist und sich von der Molke getrennt hat. Die Molke abtropfen lassen, wegschütten oder anderweitig verwenden. Den Quark in 2½ cm große Vierecke schneiden und in eine Käseform oder ein Sieb legen, das doppelt mit einem feuchten Käsetuch ausgelegt ist. Die Käseform auf ein Gitter über eine Schüssel stellen und den Käse abtropfen lassen. Wenn der Käse genügend abgetropft ist, aus der Form holen und das Salz einarbeiten. Den Käse wieder formen, in Folie wickeln und im Kühlschrank aufbewahren, bis er gegessen wird.

VARIATIONEN

Kräuterkäse: Den fertigen Käse in einer Mischung von getrocknetem, grob zerriebenem Bohnenkraut, Rosmarin, Thymian und Majoran wälzen.

Käseviereke mit verschiedenen Kräutern und Gewürzen: Den fertigen Käse in kleine Vierecke schneiden oder zu kleinen Bällchen formen und in Paprika, Fenchelsamen, getrocknetem Bohnenkraut oder Currypuder wälzen.

Würziger Käse zum Dessert: ¼ TL Salz, ½ TL Pfeffer, 1 TL gemahlener Ingwer und 2 ganze Nelken an den Käsequark geben, bevor er in die Form gelegt wird.

Knoblauch-Kräuter-Käse: Eine geschälte Knoblauchzehe an die warme Milch geben. Herausnehmen, wenn sich der Quark gebildet hat. ½ TL gehackten, frischen Schnittlauch, 1 TL gehackte frische Petersilie, ½ TL gehacktes frisches Bohnenkraut, ½ TL gehackten, frischen Thymian und 1 TL gehackten, frischen Majoran an den Quark geben, wenn er in die Form gelegt wird, oder die Kräuter zusammen mit dem Salz einarbeiten.

Käse in Kräuteröl: 2 Tassen Olivenöl, 1 Knoblauchzehe, 1 Zweig frischen Thymian, 1 Zweig frischen Rosmarin, 1 Lorbeerblatt, 1 rote Chilischote, 6 Pfefferkörner, 6 Koriandersamen und 2 ganze Körner Nelkenpfeffer in ein Gefäß mit großer Öffnung und Deckel geben. 3 oder 4 kleine, frische Käse hineinlegen. Sie sollten immer Zimmertemperatur haben und vollständig von Öl bedeckt sein. Wenn die Käse verbraucht sind, können sie durch neue ersetzt werden.

Bohnenkrautkäse: 1 oder 2 Zweige frisches Bohnenkraut um den Käse wickeln, damit er einige Tage lang das Aroma des Krautes annehmen kann.

Französische Bauernkäse in verschiedenen Stadien der Trocknung (links) sind mit Zweigen von Bohnenkraut gewürzt und dekoriert. Diese Art Käse wird in der französischen Provinz oft am Straßenrand verkauft (rechts).

Eine Kollektion von Kräuteressigsorten steht auf dem Fensterbrett in Hullbrook House Herbs.

KRÄUTERESSIG UND KRÄUTERÖL

Flaschen mit feinen Essigsorten oder reinen Ölen, die Sie mit Kräuterzweigen und Gewürzen gefüllt haben, lassen Sie das ganze Jahr über den Geschmack von frischen Kräutern genießen und verleihen Salaten, Saucen, Eintöpfen, Marinaden, gegrillten und gebratenen Gerichten einen würzigen Geschmack. Früher haben Farmer einen Löffel Essig, der mit Minze versetzt war, in ein Glas eiskaltes Sodawasser geschüttet, um sich an heißen Tagen ein wunderbar erfrischendes Getränk zuzubereiten.

Mit vielen Kräutern läßt sich guter Essig herstellen. Estragonessig ist wohl der bekannteste, aber auch Pimpinelle und Borretsch mit ihrem milden Gurkenaroma eignen sich gut (wenn Sie einige Borretschblüten an einen hellen Essig geben, bekommt er eine hübsche blaßblaue Farbe). Dillessig ist am schönsten, wenn ganze Samenköpfe und einige Blätter in der Flasche schwimmen. Essig mit Minze eignet sich hervorragend für Lammgerichte und Salate, mit Zitronenthymian für Fisch, mit Basilikum für Tomaten und mit Salbei zum Marinieren von fettem Fleisch und Geflügel. Sie können aber auch Schnittlauchblüten mit ihrem leichten Zwiebelaroma und sogar Knospen, Blüten und Blätter der scharfen Kapuzinerkresse zu Ihrem Essig geben.

Zwei oder mehrere Kräuter können kombiniert und Samen, Gewürz, Knoblauch und Zitrone hinzugefügt werden. Sie müssen nur entscheiden, welches Aroma überwiegen soll. Bemessen Sie die Menge eines jeden Krautes nach der Stärke des Aromas. Dillessig ist besonders köstlich, wenn Sie etwas Zitrone und Knoblauch hinzufügen. Essig mit Kombinationen von Basilikum, Borretsch und Pimpinelle oder Estragon, Zitronenthymian, Basilikum, Schnittlauchblüten und Pimpinelle eignet sich gut für Salate.

Elaine Fried hat auf dem Land im Süden von London einen Betrieb aufgebaut, in dem sie besondere Kräuteressig- und Ölsorten herstellt. Frauen aus der Nachbarschaft ziehen die meisten Kräuter für diese Heimindustrie und helfen bei der Abfüllung und beim Versand an Läden in ganz England.

183

Wenn Elaine ein Kraut auszugehen droht, wendet sie sich an die Gärtner des Landes. Einmal ging sie in ihrem Dorf von Tür zu Tür, um nach Rosmarin zu fragen. Schließlich wandte sie sich an die Herb Society, deren Mitglieder ihr aus ganz England Rosmarinzweige zu 2 Pence das Stück schickten. Alle Erzeugnisse von Hullbrock House basieren auf Apfelweinessig, von dem Elaine sagt, er sei weniger sauer und passe besser zu Kräutern als der normale Weinessig.

Elaine hat jetzt auch Kräuteröle in ihrem Angebot. Wenn sie auch weniger bekannt sind als Kräuteressig, so eignen sie sich doch vorzüglich für ein schnelles Würzen von Gerichten. Elaines stark gewürztes orientalisches Woköl verleiht den kurzgebratenen, frischen Zutaten der Gerichte ein chinesisches Aroma. Ein anderes, mit Thymian und Rosmarin gewürztes Öl ist hervorragend für eine schnelle Nudelsoße. Das kräftige Barbecueöl mit Knoblauch, Chili, Rosmarin und anderen Kräutern eignet sich als Marinade und als Sauce, mit der man Grillfleisch einpinseln kann. Und ein Öl mit Pfefferminze, Knoblauch, Kreuzküm-

mel, Koriander, Zypernwurzel, Bockshornklee, Nelken, Muskat und Fenchel gibt jedem Gericht ein orientalisches Aroma.

Herstellung von Kräuteressig

Sie können die Blätter, Samen und Blüten von frisch geernteten Kräutern einzeln oder zusammen verwenden, um einen Kräuteressig herzustellen. Der Apfelweinessig oder normale Weinessig sollte von bester Qualität sein, da die Kräuter die Schärfe eines schlechten Essigs nicht zuzudecken vermögen.

1. Die Kräuter für den Essig am Morgen pflücken, wenn der Tau getrocknet ist, aber bevor die Hitze des Tages die wichtigsten Öle zerstört hat, die den Kräutern ihr Aroma geben. Nur ganze, fehlerlose Blätter und Blüten verwenden. Kräuter, die braun geworden sind oder Anzeichen von Krankheiten aufweisen, wegwerfen.

2. Die Kräuter leicht zerreiben, bevor sie in eine Glasflasche oder einen Keramiktopf gefüllt werden, die fest verschließbar sein müssen.

Ungefähr eine halbe Tasse Kräuter für einen halben Liter Essig verwenden. Mehr Kräuter nehmen, wenn das Aroma besonders stark sein soll.

3. Welche Methode Sie auch wählen, Sie können den fertigen Essig durchseihen und neu auf Flaschen ziehen und dann einen frischen, ganzen Zweig als Dekoration hineingeben. Es ist eine ästhetische Frage, ob Sie einen einfachen Zweig oder ein volles Kräuterbündel zum Aromatisieren des Essigs verwenden.

Herstellung von Kräuteröl

Geben Sie die gewünschten Kräuter und Gewürze an das Öl (am besten Olivenöl; Sie können aber auch ein gutes Pflanzenöl verwenden), und lassen Sie es in einer geschlossenen Flasche oder einem geschlossenen Behälter an einem warmen, aber nicht heißen Ort einige Wochen lang ziehen.

Beverly Jacomini benutzt Flaschen mit Kräuteressig (ganz links) als Tischdekoration für ein improvisiertes Mittagessen in ihrem Farmhaus in Texas. Kräuteressig in großen Glasbehältern (links) reift in der Sonne, bevor er gefiltert und neu auf Flaschen gezogen wird. Sandy Greig bereitet Schnittlauchessig, indem sie die Behälter auf eine Gartenbank stellt (oben), damit die Sonne den angenehmen Zwiebelgeschmack und die rosige Farbe der Schnittlauchblüten herausziehen kann. Ein einzelnes Kraut oder eine wohlabgewogene Mischung (unten links), wie zum Beispiel Basilikum, blühender Origano, Thymian und Petersilie, können zum Würzen des Essigs verwendet werden. Auf einem Regal vor dem Fenster steht eine farbenfreudige Sammlung von Kräuteressig, süßem Kräutersirup und Tee (unten rechts).

HAUPTGÄNGE MIT KRÄUTERN

Die Amerikaner haben schon immer Kräuter wie Thymian, Petersilie und Rosmarin verwendet, um die Hauptgänge ihrer Mahlzeiten damit zu würzen. Aber seit einiger Zeit sind ausländische Gerichte und die Nouvelle Cuisine fast so alltäglich wie Lammbraten. Dadurch haben sie neue Kräuter wie Kreuzkümmel und Koriander kennengelernt und probieren jetzt gerne andere Geschmacksrichtungen und Zutaten aus.

EIN PIZZAOFEN VOLLER KRÄUTER

Carolyn Dille und Susan Belsinger lernten sich an einem Pizzaofen in einem alten Landhaus in Italien kennen, wo sie beide Gäste einer Wochenendparty waren. Beide entdeckten ihre gemeinsame Liebe zum Kochen, als sich herausstellte, daß sie die einzigen waren, die gerne in der Küche blieben, um das Feuer im Ofen zu schüren. Zwölf Jahre später kochen sie immer noch zusammen: als Besitzer eines erfolgreichen Lebensmittelgeschäftes in der Gegend von Washington, als Mitautoren von »Cooking with Herbs« und als Lehrer von Koch- und Kräuterkursen.

Und jetzt haben sie ihren eigenen Pizzaofen — eine etwas kleinere Ausgabe des Pizzaofens, der sie in Italien zusammengebracht hatte. Er wurde speziell für das neue Haus entworfen, das sich Susan und ihr Mann gebaut haben. Die Auswahl des Holzes und die Qualität des Feuers sind genauso wichtig wie die Rezepte selbst, um Pizza im Steinofen zu backen. In Italien werden im allgemeinen Eiche und Birke als Brennholz verwendet. Susan verwendet daneben auch noch Kirsche. »Mit jedem Holz bekommen Sie einen anderen Geschmack«, sagt Carolyn, »und wenn Sie es auch kaum glauben, selbst die Kruste bekommt je nach Holzart eine andere Farbe.« Es braucht Zeit, bis der Ofen die richtige Temperatur hat, und Sie müssen viel Erfahrung haben, um genau zu wissen, wann der Ofen heiß genug ist und wann die Steine genug Hitze gespeichert haben, um während des Backens die Temperatur halten zu können.

Dennoch brauchen Sie keinen besonderen Ofen, um köstliche Pizza zuzubereiten. Sie können einen normalen Backofen benutzen und die Pizza auf einfachen Tonplatten backen, die als Backbleche dienen. »Sie können Ihre Pizza aber auch auf einem normalen Backblech aus Metall backen. Nur wird die Kruste dann nicht so kross wie bei einer Pizza, die auf einer Tonplatte oder in einem Steinofen gebakken wurde.«

Die Pizza con pancetta wird nach dem Backen mit frischen Kräutern bestreut. Das Gewächshaus bei Susans Küche (rechts) versorgt Susan und Carolyn den ganzen Winter über mit Kräutern.

Pizza con Pancetta

Als Vorspeise für 3—4 Personen

PIZZATEIG

1	Päckchen Trockenhefe
	Prise Zucker
¼	Tasse warmes Wasser
2	Tassen Weizenmehl
¼	Tasse Weizen-Vollkornmehl
⅔	Tassen warmes Wasser
1	EL Olivenöl
½	TL Salz

Hefe und Zucker in ¼ Tasse warmem Wasser in einer kleinen Schüssel auflösen. Die Hefe zur Seite stellen, bis sie schaumig ist. Beide Mehlsorten in einer großen Schüssel vermischen und in die Mitte eine kleine Vertiefung eindrücken. Die schaumige Hefe hineingeben. Etwas Mehl unterrühren und den Vorteig 10 Minuten lang gehen lassen.

Langsam ⅔ Tasse warmes Wasser in den Vorteig einarbeiten. Ungefähr in der Mitte dieses Arbeitsvorgangs Olivenöl und Salz hineinrühren. Das restliche Wasser dazugeben und soviel Mehl einarbeiten, wie der Vorteig aufnehmen kann. Er muß noch etwas klebrig sein.

Den Teig 10 Minuten lang kneten. Danach sollte er ungefähr 45 Minuten bis 1½ Stunden lang gehen und den doppelten Umfang annehmen. Den Teig dann noch einmal durchkneten und 15 Minuten lang ruhen lassen, bevor er zur runden Pizza geformt wird.

187

PIZZABELAG

180 g Pancetta oder durchwachsener Speck
180 g Mozzarella
900 g feste reife Tomaten oder 1 Dose Tomaten (800 g)
3 oder 4 Knoblauchzehen
5 oder 6 frische Salbeizweige
5 oder 6 Stiele glatte Petersilie
1 kleine Zwiebel
2 oder 3 EL Olivenöl
Salz und frisch gemahlener Pfeffer
Frisch geriebener Parmesan zum Garnieren

Pancetta oder Speck in kleine Würfel schneiden. Die Würfel in einer schweren Pfanne ungefähr 15 Minuten lang auf kleinem Feuer braten, bis sie goldbraun sind. Mit einem Schaumlöffel herausnehmen und zur Seite stellen. Den Mozzarella zerkleinern. Die frischen Tomaten schälen, entkernen und würfeln oder die Dosentomaten abtropfen lassen und

würfeln. Den Knoblauch schälen und kleinhacken. Die Stengel von Salbei und Petersilie entfernen und die Blätter mittelfein hacken. Die Zwiebel der Länge nach halbieren und jede Hälfte in Ringe schneiden. Den Backofen 15 Minuten lang auf 260°C vorheizen. Die Tonplatte (wenn vorhanden) auf den Boden des Ofens legen oder das Backblech hineinschieben. Den Pizzateig in zwei gleiche Hälften teilen. Eine Hälfte einwickeln und in den Kühlschrank legen. Die andere Hälfte auf einem bemehlten Brett zu einem runden Fladen formen, der ungefähr einen Durchmesser von 25 cm haben sollte. Den Teig leicht mit Olivenöl bepinseln. Die Hälfte des Knoblauchs und ein Drittel der Kräuter auf die Pizza streuen. Die Hälfte der Pancetta oder des Specks über die Kräuter verteilen. Darauf die Hälfte der Zwiebelringe und die Hälfte gewürfelte Tomaten legen und den ganzen Belag mit Salz und Pfeffer würzen.

Die Pizza auf die Tonplatte oder das Blech legen und in 3—4 Minuten backen.

Die Pizza aus dem Ofen holen. Mit der Hälfte des Mozzarella bedecken. Die Pizza noch einmal 3—4 Minuten backen, bis sich die Kruste an den Rändern wölbt und goldbraun ist. Der Käse sollte Blasen werfen und etwas Farbe angenommen haben.

Die Pizza auf ein Brett legen, mit den restlichen Kräutern bestreuen, in 8 Stücke schneiden, etwas Parmesan darüber geben und sofort servieren. Die andere Pizza ebenso zubereiten.

Das Experimentieren mit verschiedenen Zutaten (ganz oben) gehört zu den Freuden des Pizzabackens. Carolyn zieht den Rand des Pizzateigs ein wenig hoch, bevor sie den Belag darauf verteilt.

KRÄUTER FÜR DEN TÄGLICHEN GEBRAUCH

Craig Claiborne hat in der New York Times und in seinen Kochbüchern die Amerikaner zu gutem Essen und guten Eßgewohnheiten erzogen. Er hat sie nicht nur mit den klassischen Gerichten der Haute Cuisine vertraut gemacht und sie in die einfache Kost der französischen Bistros und italienischen Trattorie eingeführt, sondern ihnen auch die Schätze der eigenen Küche vor Augen geführt.

Mr. Claibornes Mission besteht vor allem darin, den Amerikanern klarzumachen, daß gutes Essen nichts mit gehaltvollen Saucen und fetthaltigen Zutaten zu tun hat, sondern daß sie gut essen und gleichzeitig gesund bleiben können. »Menschen, die die Nouvelle Cuisine ablehnen, haben Scheuklappen und denken nicht weiter«, sagt er. »Aber die professionelle Küche beeinflußt die private Küche unaufhaltsam.«

Als Mr. Claiborne vor kurzem selbst aus gesundheitlichen Gründen mit einer salzlosen Diät beginnen mußte, entwickelte er eine Art zu kochen, bei der möglichst wenig Fett und Salz verwendet wird, der Geschmack des jeweiligen Gerichtes aber nicht beeinträchtigt wird — eine Kost also, wie sie die meisten Menschen heute bevorzugen. Das Salz ersetzt er durch Kräuter und Gewürze. Wenn er auch kein passionierter Gärtner ist (er hat einen ›pflegeleichten‹ Landschaftsgarten mit Gräsern und Sträuchern), so hat er doch immerhin einen kleinen Kräutergarten hinter seiner Küche, in dem er die Kräuter zieht, die er am meisten verwendet: Estragon, Petersilie, Rosmarin, Basilikum, Salbei und Thymian. Minze hat er in einen Topf gepflanzt, um die sich schnell ausbreitenden Wurzeln im Zaum zu halten.

Mr. Claiborne verbringt nur einige Tage wöchentlich in New York, um in der Redaktion der Times zu arbeiten. Am liebsten ist er in seinem einsamen Haus in East Hampton und probiert seine Rezepte aus. Er arbeitet dort an einem großen Marmorbrett in seiner praktischen, selbst entworfenen Küche, die natürliches Oberlicht hat. Sie ist mit Küchengeräten ausgestattet, die in Qualität und Umfang den Geräten professioneller Küchen entsprechen: schnell arbeitende, unempfindliche Geschirrspüler und Weinschränke, in denen die Weine in der richtigen Temperatur aufbewahrt werden können.

Mr. Claiborne arbeitet mit einer Leichtigkeit und Ruhe, die er sich durch Erfahrung und langjährige Tätigkeit erworben hat. Für das folgende Gericht hackt er den Knoblauch mit der Hand. »Wenn ich ihn maschinell hacke, verändert er seinen Geschmack«, behauptet er. Auch seine Zwiebeln hackt er mit der Hand, nur wenn er »eine Horde von Menschen erwartet«, greift er zur elektrischen Küchenmaschine. Die bei diesem Gericht verwendete Kräutermischung ist so perfekt, daß nur die überzeugtesten Salzliebhaber versucht sein werden, nach dem Salzstreuer zu greifen.

Craig Claiborne pflanzt nur die Kräuter in seinen kleinen Garten, die er am meisten verwendet. Minze wird in Töpfen gezogen, um die überall hin sich ausbreitenden Wurzeln im Zaum zu halten.

Die Zutaten für Kalbfleischbällchen mit Tomatensauce liegen neben frisch eingetopften Kräutern auf der Arbeitsplatte in Craig Claibornes Küche (oben). Damit das Fleisch nicht an seinen Händen klebt, bemehlt er sie leicht (unten), bevor er an das Formen der Fleischbällchen geht.

Die mit Estragon gewürzten Fleischbällchen (unten) werden in Olivenöl gebräunt und anschließend in der herzhaften Tomatensauce gedünstet. Sie werden auf al dente gekochten Spaghetti angerichtet (rechts).

190

HACKFLEISCHBÄLLCHEN AUS KALBFLEISCH MIT ESTRAGON

Für 4—6 Personen

300 g gehacktes Kalbfleisch
1 EL Butter
¾ Tasse feingehackte Zwiebeln
1 TL feingehackter Knoblauch
½ Tasse feine frische Brotkrumen
2 TL feingehackter frischer Estragon oder 1 TL getrockneter Estragon
¼ Tasse feingehackte Petersilie
⅛ TL frisch geriebener Muskat
1 Ei, leicht geschlagen
⅓ Tasse frisch geriebener Parmesan
2 EL süße Sahne
Salz (wenn gewünscht)
Frisch gemahlener Pfeffer
½ Tasse Weizenmehl
2 bis 4 EL Olivenöl
Ungefähr 5 Tassen Tomatensauce (Rezept folgt)
450 g Spaghetti

Das Hackfleisch in eine Schüssel geben. Butter in einer kleinen Pfanne erhitzen und Zwiebel und Knoblauch dazugeben und so lange dünsten, bis sie weich und glasig geworden sind. Nicht vergessen, dabei umzurühren. Zum Hackfleisch geben. Brotkrumen, Estragon, Petersilie, Muskat, Ei, Käse, Sahne, Salz und Pfeffer hinzufügen. Alles gut vermischen.

Aus dem Fleisch 18 Bällchen formen, leicht in Mehl wälzen und das überschüssige Mehl etwas abschütteln. Öl in eine Pfanne gießen und erhitzen. Die Fleischbällchen hineinlegen und ringsherum goldbraun werden lassen. Anschließend in die Tomatensauce geben und ungefähr 20 Minuten lang ziehen lassen. Auf gekochten, gut abgetropften Spaghetti servieren.

TOMATENSAUCE

2 EL Olivenöl
¾ Tasse feingehackte Zwiebeln
1 EL feingehackter Knoblauch
2½ Tassen Tomaten aus der Dose
¾ Tasse Tomatenmark
Salz (wenn gewünscht)
Frisch gemahlener Pfeffer
1½ Tassen Wasser
2 EL gehacktes frisches Basilikum oder 1 EL getrocknetes Basilikum
½ Tasse feingehackte Petersilie
1 Lorbeerblatt
½ TL getrockneter Thymian

Öl in einer großen Kasserolle erhitzen, Zwiebeln und Knoblauch hinzugeben und glasig dünsten. Tomaten, Tomatenmark, Salz, Pfeffer nach Bedarf und 1½ Tassen Wasser in den Topf geben. Basilikum, Petersilie, Lorbeerblatt und Thymian hinzufügen. Alles zum Kochen bringen und die Sauce 30 Minuten lang köcheln lassen.

NEUE SALSA AUS NEW MEXICO

Die Küche im Südwesten der USA ruft Gedanken an Pfefferscho-
ten und andere mexikanisch inspirierte Spezialitäten wach.
Aber wie in anderen Teilen des Landes praktizieren auch in
Santa Fé die Küchenchefs einen neuen amerikanischen Kochstil.

Sie verarbeiten nur die allerfrischsten Produkte, die möglichst aus
der Umgebung kommen sollen. Dieser Kochstil wird oft »von der
lokalen Küche beeinflußt, aber niemals völlig beherrscht«, sagt Jim
Bibo, einer der großen Vertreter der neuen amerikanischen Küche im
Stil des Südwestens.

Jim und seine Schwester Bonni besitzen und führen »Santacafé«,
ein Restaurant, das sie vor sechs Jahren eröffnet haben. Es ist in einem
Haus untergebracht, das vor 160 Jahren aus ungebrannten Ziegeln im
Kolonialstil gebaut wurde. Wegen seines alten Hofs und seines gemütlichen und stilvollen Eßraums mit Kamin wurde es in vielen Zeitschriften
als das schönste Restaurant in New Mexico gepriesen. Jim, der auch
Architekt ist, hat das Haus selbst renoviert und neu gestaltet.

Das Restaurant war das erste in diesem Staat, das so neuartige
Gerichte wie Wildbret mit einer frischen Wacholderbeersauce oder
eine Fischmousse mit Schalotten, Dill, Petersilie und Koriander anbot.

Rocky Packard, der aus New Mexico stammende Küchenchef, verar-
beitete die gewöhnlichen Chilis aus der Gegend, um daraus so seltene
Köstlichkeiten wie frische Chilinudeln oder Saucen zuzubereiten, die
nichts mehr mit der gewöhnlichen mexikanischen *salsa* zu tun haben.

»Kräuter spielen eine entscheidende Rolle in einer Küche, die vom
Markt lebt«, sagt Jim. Im Sommer kann er aus der Vielfalt der Kräuter
auswählen, die die Gärtner in Santa Fé anziehen, aber auch mitten im
Winter sind normalerweise zumindest Basilikum, Dill und Estragon zu
haben. Wenn Jim die Kräuter gekauft hat, nimmt er die Bündel sofort
auseinander und stellt sie in Mineralwasser. »Offenbar bleiben sie darin
länger frisch als in klarem Wasser«, sagt er. Die Blätter sollten möglichst
trocken sein. Er schlägt aber vor, sie mit einem leicht angefeuchteten
Papier- oder Stofftuch zuzudecken, damit sie nicht so schnell welken.

Eine Spezialität von »Santacafé« sind Nudeln mit einer wundervollen Kräutersauce, die jeden Tag wechselt. Das Rezept für eine der
bekanntesten Versionen, *Pasta Nola*, wurde von Küchenchef Rocky
Packard kreiert.

Pasta Nola *(rechts und ganz rechts
oben) steht neben einer mit Kräutern
garnierten Fischmousse im Speise-
raum am Kamin des »Santacafés«.*

Pasta Nola

Für 8 Personen als Hauptgang

¼   Tasse Olivenöl
450 g Zwiebeln, in dünne Streifen geschnitten
450 g Tomaten, geschält, entkernt und in Scheiben geschnitten
675 g Schinken, in dünne Streifen geschnitten
8   große Knoblauchzehen, gehackt
3   Tassen süße Sahne
4   EL gehacktes frisches Origano
4   EL gehacktes frisches Basilikum
3   Pfund frische Fettucine (Bandnudeln)
    Ganze Basilikumblätter zum Garnieren
    Frisch gemahlener Pfeffer

Das Öl in einer Pfanne erhitzen und darin Zwiebeln und Tomaten dünsten, bis die Zwiebeln weich und glasig sind. Schinken und Knoblauch dazugeben und alles noch einmal 2—3 Minuten lang dünsten. Sahne und die gehackten Kräuter hinzufügen. Alles 30 Minuten lang garen lassen.

Die Fettucine in einem großen Topf mit Salzwasser *al dente* kochen. Die Nudeln abtropfen lassen und in eine vorgewärmte Schüssel geben. Die Sauce über die heißen Nudeln gießen, frischen Pfeffer darüber mahlen, mit ganzen Basilikumblättern garnieren und anrichten.

Schnee zeichnet die Umrisse eines typischen Lehmhauses in Santa Fé nach (Mitte). Chilischoten hängen zum Trocknen an einem Deckenbalken.

KALIFORNISCHE KRÄUTERKÜCHE

Der Kalifornier Jonathan Waxman nutzte seine Erfindungsgabe und das große Angebot frischer Produkte in seinem Heimatland, um einer der Protagonisten der neuen amerikanischen Küche zu werden. Jetzt hat er seinen Kochstil nach New York gebracht, wo er und der Weinhändler Melvyn Masters »Jams« eröffnet haben, ein kleines, stilvolles Restaurant auf der Upper East Side von Manhattan.

Jonathan kombiniert die klassischen Kochtechniken, die er in La Varenne kennengelernt hat, die Einflüsse der Nouvelle Cuisine aus Frankreich und den phantasievollen Kochstil, den er sich während eines Lehrgangs bei Alice Waters im »Chez Panisse« in Kalifornien aneignete.

Jonathans kalifornischer Background schlägt sich deutlich in der Einrichtung und dem Essen des Restaurants nieder. Jedes Gericht, das aus der offenen, aus Edelstahl und Ziegeln gefertigten Küche kommt, ist einfach, aber dennoch etwas ›sophisticated‹. Die Zutaten müssen von allererster Qualität und so frisch wie nur möglich sein. Fisch oder Fleisch werden über Mezquite oder einem anderen aromatischen Holz gegrillt. Holzkohle, sagt Jonathan, »verleiht dem Fleisch oder Fisch nur einen chemischen Geschmack«. Köstliche Saucen bereitet er auf traditionelle Weise zu, aber sie müssen nicht wie früher stundenlang köcheln, sondern sind schon nach einigen Minuten fertig.

Während nach Jonathans Meinung die Kräuter in der klassischen französischen Küche bei der Würzung als Background verwendet oder einfach zusammengemischt werden, so daß man sie nicht mehr unterscheiden kann, setzen sie in seiner eigenen Küche ganz entscheidende Akzente. Zu Hause stellte er sofort einen Unterschied fest, wenn seine Mutter Zitronenthymian statt normalen Thymian an ein Gericht tat. »Sie hatte eigentlich einen Fehler gemacht, aber das Gericht schmeckte trotzdem, nur anders«, sagt er.

Um Kräuter richtig zu verwenden, rät er, »müssen Sie sich Zeit nehmen und verschiedene Geschmacksrichtungen entwickeln. Im ›Chez Panisse‹ standen immer vier Töpfe mit Kräutern in der Küche, und die Köche konnten die passenden auswählen. Auf diese Weise kann man sehr gut das Kochen mit Kräutern erlernen. Jeder Anfänger sollte diese Idee übernehmen.« Wie viele andere gute Köche ist auch Jonathan der Meinung, daß Rosmarin wahrscheinlich am häufigsten falsch verwendet wird. Er rät, vorsichtig mit ihm umzugehen, »aber er ist unvergleichlich, wenn er richtig verwendet wird. Zum Beispiel Lamm mit Pinienkernen, Knoblauch und Rosmarin ist ein vorzügliches Gericht. Ohne Rosmarin schmeckt es nicht mehr so leicht und ätherisch.« Jonathan konnte in Kalifornien fast das ganze Jahr über frische Kräuter aller Art bekommen. Aber er entdeckte, daß die Kräuter, die außerhalb der normalen Saison gezogen werden, sich nicht harmonisch in ein Gericht mit Zutaten der Saison einfügen. »Ich mache nur Kräuter der Saison zu einem wesentlichen Bestandteil meiner Gerichte. Außerhalb der Saison gezogene Kräuter werden nur als Hintergrundwürzung verwendet.«

In New York bezieht Jonathan seine Kräuter aus Kräuterfarmen der Gegend und aus einer wöchentlichen Lieferung per Schiff aus Kalifornien. Wenn Sie das nachfolgende Rezept, die mit Basilikum und Ziegenkäse gefüllten, gegrillten Hähnchenbrüste ausprobieren, werden Sie merken, wie geschickt Jonathan mit Kräutern umzugehen versteht.

Jonathan Waxman bereitet bei »Jams« Hähnchen-brust zu. Die Haut muß vom Fleisch gelöst werden (oben rechts), bevor Basilikum daruntergeschoben wird. Gedämpfte Möhren, kleine weiße Rüben, Broccoli und Zucchini (links) sind die Beilage zu der mit Ziegenkäse gefüllten Hähnchenbrust. Die Hähnchenbrust kann auch auf einem Bett von ge-mischtem Salat bei Raumtemperatur serviert wer-den (unten).

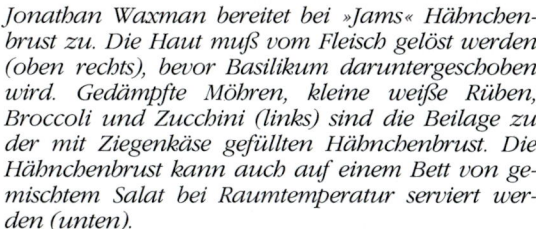

HÄHNCHENBRUST MIT ZIEGENKÄSE UND BASILIKUM

Für 4 Personen

- 2 ganze Hähnchenbrüste mit den ersten Flügelgelenken und Haut
- 120 g weicher, frischer Ziegenkäse
- 1 kleines Bund frisches Basilikum Salz und frisch gemahlener Pfeffer Basilikum-Sahnesauce (Rezept folgt)

Die Hähnchenbrüste vorsichtig von den Knochen lösen. Dabei das Flügel-gelenk daranlassen. Die Flügel am er-sten Gelenk abtrennen. Das fleischige erste Gelenk darf nicht von der Brust abgetrennt und die Haut nicht abge-zogen werden. Die Haut nun vorsich-tig von der Brust bis hin zu den Flü-geln hochziehen. Eine Tasche in die Mitte der Brust an der dem Flügel-ansatz gegenüberliegenden Seite schneiden. Die Tasche soll ungefähr 2½ x 5 cm groß sein. Für jede Tasche ein ungefähr 30 g schweres Stück Zie-genkäse abschneiden und 2 oder 3 Basilikumblätter darumwickeln. Den mit Basilikum umwickelten Käse in die Tasche stecken und die Öffnung vorsichtig zudrücken, nicht zunähen und auch keine Fleischspieße ver-wenden. Basilikumblätter direkt auf die Brust legen und mit der Haut zu-decken. Die restlichen Blätter zum Garnieren verwenden. Mit Salz und frisch gemahlenem Pfeffer würzen. Die Hähnchenbrüste ungefähr 3—5

Minuten lang auf jeder Seite über einem nicht zu starken Holzfeuer grillen. (Wenn kein offener Grill vor-handen ist, können sie auch in etwas Olivenöl bei mittlerer Temperatur gebraten werden.) Jeweils ein Viertel der Basilikumsauce auf jeden Teller gießen, die Hähnchenbrüste daraufle-gen und Brust und Sauce mit in Strei-fen geschnittenen Basilikumblättern garnieren. Diese Hähnchenbrüste sind nicht nur ein köstliches, sondern auch ein abwechslungsreiches Ge-richt.

Sie können auch ohne Sauce lau-warm als leichte Mittagsmahlzeit ser-viert werden. Jeweils eine Hähnchen-brust auf eine Salatmischung legen (Jonathan verwendet dafür Radicchio wegen der Farbe, Feld- und Endivien-salat) und darüber eine leichte Vinai-grette gießen. Jede Hähnchenbrust mit einem frischen Basilikumzweig garnieren.

BASILIKUM-SAHNESAUCE

- 2 Schalotten, gehackt
- 1 Tasse süße Sahne Blätter von einem kleinen Bund Basilikum

Schalotten und Sahne vorsichtig 5—6 Minuten lang in einer Kasserolle er-hitzen, dann auf zwei Drittel ein-kochen lassen und anschließend durch ein Sieb geben.

Kurz vor dem Servieren das Basili-kum in Streifen schneiden. Die Hälfte davon in die Sauce rühren und die andere Hälfte zum Garnieren ver-wenden.

195

EIN AMERIKANISCHES KREBSESSEN

Mit dem »Maryland Crab House« hat Andrew Silverman die Küche seines Heimatstaates nach New York gebracht. Die Spezialität dieses Restaurants sind, wie sein Name schon sagt, die Krebse, die aus den fruchtbaren Gewässern der Chesapeake Bay kommen. Krebse mit weichen Schalen sind für die New Yorker nichts Neues, wohl aber die Krebse mit den harten Schalen, die in der Gegend von Chesapeake an der Golfküste so beliebt sind. Vom ersten Frühling bis zum Spätherbst, das heißt während ihrer Saison, sind die Krebse das bevorzugte Gericht auf der Speisekarte.

Nur die großen männlichen Krebse werden zum Kochen im Dampf verwendet. Seit Jahren werden sie auf die gleiche Art zubereitet: in Bierdampf mit einer köstlichen Mischung aus Gewürzen und Kräutern, die das Geheimnis ihres unvergleichlichen Aromas ausmachen. Die in Maryland in der Regel verwendeten Gewürze stammen von der »Old Bay Company«, in der die Kräuter-Gewürz-Mischung nach einem streng geheimgehaltenen, 50 Jahre alten Rezept zusammengestellt wird. An der Golfküste verwendet man unter der Bezeichnung »Crab Boil« eine Kräutermischung, die in der Konsistenz etwas gröber ist.

Welche Kräutermischung Sie nun auswählen, ein Krebsessen ist immer ein Ereignis. Nach alter Tradition werden die Krebse auf einen Tisch gehäuft, der mit einem braunen Papiertuch bedeckt ist. Die leuchtend roten Schalen der Krebse sind mit den Gewürzen bedeckt. Den Tischgästen werden große Holzhämmer überreicht, mit denen sie die harten Krebsschalen aufschlagen, um an ihr süßes Fleisch im Innern zu gelangen. Es ist eine ziemlich mühsame Art zu essen, aber mit einem eisgekühlten Bier zwischen den einzelnen Bissen ist der Verzehr dieses würzigen Fleisches eine der denkwürdigsten Eßerfahrungen, die man machen kann.

KREBSE, IM DAMPF GEKOCHT

3 bis 4 männliche Chesapeake-Bay-Krebse pro Person, je nach Größe (ersatzweise Einsiedlerkrebse)
Weißweinessig
Bier
Gewürzmischung für Schalentiere
evtl. Hühnerdraht

Einen Topf auswählen, der so groß ist, daß die Krebse gut darin Platz haben und über ihnen noch ungefähr ein Raum von 20 cm Höhe bis zum Topfrand bleibt. Wenn Sie keinen Einsatz zum Dampfkochen für den Topf haben, ein Stück Hühnerdraht zurechtschneiden, das auf den Boden des Topfes paßt und ungefähr 20 cm Abstand vom Topfboden hält. Auf diese Weise werden die Krebse während des Kochvorgangs über der Kochflüssigkeit gehalten. Weißweinessig und Bier zu gleichen Teilen bis auf eine Höhe von ungefähr 5 cm in den Topf gießen. Die Flüssigkeit zum Kochen bringen.

Die Krebse in den Topf geben; sie sollten ungefähr 15 cm Abstand von der Flüssigkeit haben. Großzügig mit Gewürzmischung bestreuen, gut verschließen und im Dampf 12—15 Minuten lang kochen.

Die Krebse aus dem Topf nehmen und nach Geschmack anrichten.

Köstliche Chesapeake-Bay-Krebse werden mit einer Spezialmischung aus Kräutern und Gewürzen in Dampf gegart.

SAMMELN VON MUSCHELN UND KRÄUTERN

Als Joy und Robert K. Lewis das schöne alte Haus eines Hafenmeisters mit Blick über den Cold Spring Hafen von New York kauften, ahnten sie nicht, daß sie gleichzeitig eine bequeme Quelle für frische, nahrhafte Muscheln erworben hatten. Aber eines Tages, als sie in einer nahegelegenen Bucht spazierengingen, entdeckten sie eine Menge glitzernder schwarzer Miesmuscheln, die nur darauf warteten, aufgesammelt zu werden.

Wenn Ebbe ist, gehen die Lewis' oft in der kleinen verlassenen Bucht an der Hafenmündung spazieren. Mit Eimern in der Hand wandern sie die Bucht entlang und sammeln die Muscheln auf, die das zurückweichende Wasser hinterlassen hat. Auch für Wochenendgäste ist das Aufsammeln der Muscheln ein Vergnügen.

Mit gefüllten Eimern versammeln sich dann alle im Garten von Joy und Robert und beginnen mit dem Reinigen der Muscheln. Robert zeigt ihnen zunächst eine einfache Reinigungsmethode. Während er eine geschlossene Muschel unter den Wasserstrahl eines Gartenschlauchs hält, reißt er den Bart (den kleinen, haarigen Auswuchs) ab und entfernt mit einer Muschelschale, die er als Schaber verwendet, allen Schmutz von der Schale. Bald sind dann auch die fleißigen Helfer an der Arbeit. Lachend und plaudernd reinigen sie die Muscheln, wie Robert es ihnen gezeigt hat. »Wenn jeder hilft, ist das Reinigen keine Arbeit, sondern Spaß«, sagt Joy. Die gereinigten Muscheln bleiben dann bis zur Abendessenszeit in kaltem Salzwasser liegen, um noch vom restlichen Sand gereinigt zu werden.

Die Lieblingsmethode der Lewis', Muscheln zu kochen, ist sowohl einfach als auch köstlich. Die Muscheln werden mit ein bißchen Wer-

Joy und Bob Lewis sammeln Eimer voller Miesmuscheln am Strand von Long Island. Die Muscheln werden mit frischen Kräutern aus dem Garten in einem Topf aus ihrer Sammlung von altem Emaillegerät in Dampf gekocht (oben links).

mut und mit einem frischen Kräuterbündel aus dem Garten zubereitet. Mit einer Schüssel Tomaten, bestreut mit frischem Basilikum, und einem Landbrot, sind Muscheln eine perfekte Mahlzeit. Danach sollte noch frischer grüner Salat und etwas Käse gereicht werden. Falls einige Muscheln übrigbleiben sollten, wird das Muschelfleisch aus den Schalen entfernt und zusammen mit Shrimps, Krebsfleisch, winzigen Muschelnudeln, Erbsen, in dünne Streifen geschnittenen Karotten und gehackten Schalotten zum ›Garten-und-Meer-Salat‹ gemischt. Er wird mit einer Vinaigrette angemacht und mit einigen frischen Blättern von Zitronenthymian garniert.

MUSCHELN, IM DAMPF GEKOCHT

Für 4 Personen

3 bis 4 Pfund Miesmuscheln
1 Tasse trockener Wermut
10 bis 12 Schalotten, gehackt
1 Handvoll Pfefferkörner
1 Bund Zitronenthymian oder verschiedene Kräuter (Thy-

mian, Estragon, Origano und Zitronenthymian)
2 Zitronen, in 4 Hälften geschnitten

Die Muscheln reinigen, den Bart entfernen und allen Schmutz von den Schalen abkratzen. Beim Reinigen alle Muscheln wegwerfen, die nicht fest geschlossen sind. (Am einfachsten läßt sich das überprüfen, wenn

man die Muschel mit Daumen und Zeigefinger festhält und die obere Schale in die eine und die untere Schale in die andere Richtung drückt. Wenn sich die zwei Schalenhälften verschieben, muß die Muschel fortgeworfen werden.) Auch alle Muscheln beseitigen, die unverhältnismäßig schwer zu sein scheinen. Sie sind wahrscheinlich mit Sand gefüllt. Wenn die Muscheln außen gereinigt sind, für 1—2 Stunden in einen Eimer mit kaltem Salzwasser legen, damit der restliche Sand aus dem Innern ausgeschwemmt wird.

Den Wermut in einen großen Topf gießen, in dem die Muscheln genügend Platz haben. Die gehackten Schalotten und Pfefferkörner dazugeben. Die Muscheln in den Topf schütten und die Kräuter darüber streuen. Den Topf fest verschließen und die Muscheln bei starker Hitze ungefähr

6—8 Minuten lang im Dampf kochen lassen, bis sie offen sind. Den Topf einige Male schütteln, um sicher zu gehen, daß alle Muscheln gleichmäßig gar werden.

Alle Muscheln wegwerfen, die sich nicht geöffnet haben. Die übrigen auf die Teller verteilen, die Brühe durchsieben und darüber schütten. Mit Zitronenhälften servieren.

Mit einer Muschelschale als Schaber reinigt Bob Lewis die Muscheln unter fließendem Wasser aus dem Gartenschlauch (oben). Der Kräutergarten bildet einen duftenden Hintergrund für das Mahl (rechts), frisches Basilikum und Kapuzinerkresse zwischen Tomaten bilden den Tischschmuck.

An lauen Sommerabenden breiten
die Irvines oft eine wertvolle alte
Tischdecke auf der Wiese unter
Rosenbüschen aus und genießen ein
elegantes Kräuterpicknick mit einer
Forellenterrine mit Sauerampfersauce, Huhn- und Kalbfleisch-Pastete,
Salaten und feinen Holunderbeertörtchen.

LÄNDLICHES PICKNICK BEI EINER ENGLISCHEN MÜHLE

Als Anna und Deryk Irvine »Wanford Mill« kauften, ihr Haus aus dem 15. Jahrhundert in der Nähe von London, befand es sich in einem ziemlich desolaten Zustand. Die ursprüngliche Holzkonstruktion war im 18. Jahrhundert mit Ziegelsteinen verdeckt worden und deshalb gut erhalten. Die Böden, Wände und Decken aber mußten unbedingt renoviert werden. Deryk, von Beruf Architekt, machte sich sofort selbst an die Arbeit.

Inzwischen ist die Mühle sorgfältig restauriert und modernisiert. Die Wände wurden weiß gestrichen und die alten Holzbalken freigelegt. Die ganze Mühle wurde mit antiken Korb- und englischen Landhausmöbeln eingerichtet. In der großen gemütlichen Küche steht ein alter Landhaustisch, an dem die Freunde sitzen und plaudern können, wenn Anna kocht. Der unter dem Haus rauschende Mühlenbach bildet eine beruhigende Geräuschkulisse für alle Beschäftigungen im Haus.

Als das Haus fertig war, legten Anna und Deryk einen Kräutergarten an. Obwohl einige Kräuter zwischen den Blumen in den Gärten rund ums Haus wachsen, werden die meisten Kräuter in regelmäßig angelegten Beeten in den Fundamenten eines alten Glashauses gezogen, in dem früher Jungpflanzen gezüchtet wurden. Regelmäßig angeordnete dekorative Ziegel unterteilen die einzelnen, erhöhten Beete in jeweils neun Abschnitte.

Da die Irvines die Mühle und ihre Umgebung bezaubernd fanden, entschlossen sie sich, daraus ein kleines Hotel mit Übernachtung und Frühstück zu machen. Aber oft gibt es bei Anna nicht nur Frühstück, sondern auch noch ein Abendessen, das jedesmal beweist, wie geschickt und phantasievoll sie mit Kräutern umgehen kann.

Anna und Deryk Irvine (oben) auf den Stufen der restaurierten Mühle aus dem 15. Jahrhundert.

203

FISCHTERRINE MIT GERÄUCHERTER FORELLE UND SAUERAMPFER

Für 20 Personen als Vorspeise

- 450 g Seezungenfilets
- 570 g Merlan, Kabeljau oder anderer fester, weißer Fisch
- 1 große Forelle, filetiert
- ½ Tasse Milch
- 4 Scheiben Weißbrot
  Salz und frisch gemahlener Pfeffer
- 3 Eiweiß
- 2 ½ Tassen süße Sahne
- 1 große geräucherte Forelle, filetiert, in Streifen geschnitten
- 20 große Sauerampferblätter, gehackt
- ¼ Tasse gehackte Brunnenkresse und ganze Blätter zum Garnieren
- 1 Paket Gelatine
- 2 EL Cognac oder Brandy
  Saft von ½ Zitrone
  Sauerampfersauce
  (Rezept folgt)

Seezunge, Fisch und frische Forelle ganz fein hacken. Die Milch aufkochen. Vom Feuer nehmen und die Brotscheiben hineinlegen, damit sie sich vollsaugen können. Die überschüssige Milch aus dem Brot drücken und das Brot unter den feingehackten Fisch mischen. Mit Salz und Pfeffer würzen und zur Seite stellen.

Den Backofen auf 150°C vorheizen. Eiweiß und Sahne an die Fischmischung geben und alles mit dem elektrischen Rührgerät oder der Hand gut durchmengen. Ein Drittel der Fischmischung in eine 25 cm große ovale Terrine füllen. Mit einer Schicht aus einer Hälfte der geräucherten Forelle bedecken. Darüber die Hälfte des gehackten Sauerampfers und der gehackten Brunnenkresse streuen. Auf diese Weise fortfahren und mit einer Schicht Fischmischung abschließen. Das Gericht mit Folie abdecken und in eine größere Pfanne setzen. Wasser in die Pfanne schütten. Es muß die Seiten der Terrine halbhoch bedecken. Die Terrine 1½ Stunden backen.

(Die Terrine sollte am Vortag oder am frühen Morgen zubereitet werden, damit sie noch gut abkühlen kann, bevor sie mit Aspik dekoriert wird).

Die Gelatine in der auf der Packung angegebenen Menge Wasser auflösen. Brandy und Zitronensaft dazugeben. Die Terrine mit den ganzen Sauerampferblättern garnieren und eine dünne Schicht Aspik darüber gießen. Fest werden lassen und mit einer Sauerampfersauce servieren.

SAUERAMPFERSAUCE

- 2 Tassen einfacher Joghurt
- 1 Tasse selbstgemachte Mayonnaise
- 5 EL gehackter frischer Sauerampfer
- 5 EL gehackte frische Brunnenkresse

Den Joghurt in die Mayonnaise mischen. Die gehackten Kräuter hineinrühren und die Sauce stehenlassen, damit sich das Aroma entwickeln kann.

ZITRONENHÄHNCHEN-PASTETE

Für 10—12 Personen

- 900 g Hähnchenbrustfilets, in Streifen geschnitten
  Salz und frisch gemahlener Pfeffer
- 4 EL gehackte frische Zitronenmelisse
- 340 g gehacktes Kalbfleisch
- 340 g gehacktes Schweinefleisch
- 4 Scheiben Weißbrot ohne Kruste
  Saft und feingeriebene Schale einer Zitrone
- 2 Eier
- 675 g Mürbeteig
- 1 Eigelb, geschlagen
  Senf-Kräutersauce
  (Rezept folgt)

Den Backofen auf 150°C vorheizen. Die Hähnchenstreifen mit Salz und Pfeffer würzen und in 2 EL der gehackten Zitronenmelisse wälzen. Kalb- und Schweinefleisch in einer großen Schüssel vermischen.

Das Brot in Zitronensaft und Wasser einweichen, gut ausdrücken und zusammen mit den zwei restlichen EL Zitronenmelisse, der Zitronenschale, den Eiern, Salz und Pfeffer zu der Hackfleischmischung geben.

Zum Abschmecken ein Fleischbällchen in ein bißchen Butter oder Öl braten. Falls notwendig, die Fleischmischung nachwürzen.

Zwei Drittel des Mürbeteigs 3 mm dick ausrollen und Boden und Seiten einer ca. 23 cm großen Springform damit auslegen. Den Teigboden mit einem Drittel der Fleischmischung bedecken. Die Hälfte der Hähnchenstreifen darauf verteilen. In dieser Weise fortfahren und mit einer Schicht Fleischmischung abschließen. Den restlichen Teig zu einem Kreis ausrollen und auf die Füllung legen. Sie muß ganz bedeckt sein. Die seitlichen Teigränder fest andrücken, damit die Füllung rundherum fest verschlossen ist. Die Teigreste ausrollen und daraus Blattornamente schneiden.

Die Deckplatte mit dem geschlagenen Eigelb bestreichen und mit den Teigblättern garnieren. Sie kleben gut an der Eiglasur fest. Die Teigblätter auch leicht mit Eigelb bestreichen. Winzige Löcher in die Teigplatte stechen, damit der Dampf entweichen kann.

Die Pastete 1½—2 Stunden backen. Um festzustellen, ob das Fleisch gar ist, mit einem Stäbchen die Garprobe machen. Tritt klare Flüssigkeit aus, ist die Pastete fertig. Falls der Teig braun wird, bevor die Füllung gar ist, für die restliche Backzeit mit Folie bedecken. Pastete aus dem Ofen nehmen und abkühlen lassen. Lauwarm mit einer Senf-Kräutersauce servieren.

SENF-KRÄUTERSAUCE

Ergibt ungefähr 1¼ Tassen

- 2 Eigelb
- 1 EL grober Senf
  Salz und frisch gemahlener Pfeffer
- 2 EL gehackte, gemischte Kräuter (Schnittlauch, Estragon, Petersilie und Dill)

Die Samen der gelbblühenden Senfpflanzen geben der Sauce zu Anna Irvines Zitronenhähnchen-Pastete ihr scharfes Aroma.

- 1 Tasse Olivenöl
  Saft von 1 Zitrone

Eigelb, Senf, Salz, Pfeffer und Kräuter einige Sekunden lang mit einem elektrischen Rührgerät vermischen.

Tröpfchenweise das Öl hineinrühren. Auf diese Weise fortfahren, bis die Sauce fest geworden ist. Den Zitronensaft hineinrühren. Wenn die Sauce zu dick ist, 1—2 EL kochendes Wasser hinzufügen.

GRILLEN MIT KRÄUTERN

Was kann an warmen Sommertagen einladender sein als ein einfaches Stück Fleisch oder frisches Gemüse vom Grill, mit frischen Kräutern gewürzt? Unsere Vorfahren mußten gezwungenermaßen über offenem Feuer kochen, aber die Menschen überall in der Welt haben trotz ihres Fortschritts diese einfache Methode beibehalten, die jedem Essen eine ganz besondere Geschmacksrichtung gibt. Jedes Land hat gegrillte Spezialitäten entwikkelt: zum Beispiel winzige Sardinen in Portugal, würzige Lammspieße in Marokko und saftige Hot Dogs und Hamburgers in den Vereinigten Staaten.

Kräuter verleihen gegrilltem Geflügel, Fleisch, Fisch, Gemüse und sogar gegrillten Früchten ihr eigenes, frisches Aroma. Sie können Kräuter in Marinaden verwenden oder direkt über das Essen streuen. Sie verleihen Ihren Speisen ein etwas feineres Kräuteraroma, wenn Sie ein Bund frische oder getrocknete Kräuter ins Feuer werfen. Versuchen Sie Salbei zum Schwein, Fenchel zum Fisch und Rosmarin zu Huhn und Lamm. Ein aus Kräutern gefertigter Pinsel zum Einfetten verleiht dem Fleisch auf sanfte Weise einen Kräutergeschmack.

Die folgenden Rezepte sollen Ihnen zeigen, wie und welche Kräuter Sie auf Ihrem Grill verwenden können und Ihnen Anregungen geben, andere Kräuter auszuprobieren.

PAPRIKASCHOTEN IN BASILIKUMÖL

Für 6 Personen

Diese gegrillten Paprikaschoten, die in einem mit Basilikum und Knoblauch gewürzten Öl mariniert werden, sind köstlich als Vorspeise oder als Beigabe zu einfachem gegrilltem Fleisch oder Huhn.

- 3   Knoblauchzehen
        Saft von 2 Zitronen
- 1   großes Bund frisches Basilikum, fein gehackt
        Salz und frisch gemahlener Pfeffer
- 1   Tasse Olivenöl
- 3   große rote Paprikaschoten

Den Knoblauch in eine Schüssel pressen. Zitronensaft und Basilikum dazugeben und mit Salz und Pfeffer würzen. Das Olivenöl hineinrühren und alles einige Stunden lang ziehen lassen. Nach Wunsch kann es durchgesiebt werden. Um die Paprikaschoten ohne Mühe zu schälen, kann man sie über einer Flamme oder auf einem Grill schwarz werden lassen. Dabei immer wieder drehen, damit sie gleichmäßig schwarz werden. Das muß schnell geschehen, sonst werden sie weich. Zum Ausdünsten in eine Papiertüte legen. Wenn sie abgekühlt sind, die Häute abziehen und der Länge nach in Hälften schneiden. Die Samen entfernen und die Paprikaschoten in dicke, lange Streifen schneiden. Die Streifen auf Fleischspieße stecken und leicht grillen. In das Basilikumöl legen oder das nicht durchgesiebte Öl pürieren und über die Paprikastreifen träufeln.

Nach Basilikum duftende gegrillte Paprikaschoten (oben) sind eine appetitanregende Vorspeise und eine großartige Beilage zu gebratenem Fleisch oder Hähnchen.

Um ein beliebtes Sommeressen zu variieren, schieben Sie ein paar Minzezweige (oder ein anderes aromatisches Kraut) mit etwas Butter unter die Hüllblätter der Maiskolben, bevor Sie sie grillen (links). Die meisten Küchenkräuter können auch zum Garnieren verwendet werden. Lammspießchen (rechts) sind auf einem Bett von Minze angerichtet, einem der Kräuter, die auch Bestandteil der Marinade sind.

MIT MINZE GEWÜRZTE MAISKOLBEN VOM GRILL

6 Maiskolben in ihren Hüllen
6 EL Butter
6 Minzezweige

Die Maiskolben ungefähr 1 Stunde lang in einen Topf mit Salzwasser legen. Während des Grillens werden die Maiskolben dann von den nassen Hüllen feucht gehalten und sind schon leicht gesalzen.

Die Hüllen vorsichtig von den Kolben abziehen, ohne sie am Stiel zu lösen. Die seidigen Griffel entfernen. 2 Stückchen Butter und einen Minzezweig in jede Hülle stecken. Darauf achten, daß die Hüllen die Kolben vollständig bedecken, ehe sie über Holzkohle 10—15 Minuten gegrillt werden. Dabei ab und zu wenden.

LAMM, MAROKKANISCH

Für 6 Personen

Eine interessante Kombination von Kräutern und Gewürzen, die an Marokko erinnern, verleiht den Lammwürfeln ein besonderes Aroma. Zusammen mit roten Tomaten und grünen Zucchini auf Spießchen gebraten und mit Reis angerichtet, ist dieses Gericht ein Genuß für Auge und Gaumen.

900 g mageres Lammfleisch aus der Keule, in 3½ cm große Würfel geschnitten
½ Tasse Olivenöl
1 Tasse trockener Rotwein
1 kleine Zwiebel, feingehackt
3 EL gehackte frische Korianderblätter
2 EL gehackte frische Minze
¼ Tasse gehackte frische Petersilie
2 TL gehackter frischer Majoran
1 TL gemahlener Kreuzkümmel
¼ TL Cayennepfeffer
1 TL Salz
1 TL Ras el Hanout (Rezept folgt)
18 Kirschtomaten
18 kleine Zucchini oder 2 große Zucchini, in 18 Stücke geschnitten
Joghurtsauce (nach Wunsch, Rezept folgt)

Die Lammwürfel in eine Glas- oder Keramikschüssel legen. Alle Zutaten außer Tomaten und Zucchini vermischen. Die Marinade über das Lammfleisch gießen, mit Plastikfolie abdecken und 8—24 Stunden im Kühlschrank ziehen lassen.

Das Lammfleisch abtropfen lassen und die Marinade aufheben. Ungefähr 4—5 Lammwürfel im Wechsel mit den Tomaten und Zucchini auf einzelne Spießchen stecken. Die Spieße unter häufigem Wenden ungefähr 15—20 Minuten lang über einem Holzkohlenfeuer grillen, bis das Fleisch außen gut gebräunt, aber innen noch rosig ist. Während des Grillens mit der Marinade bestreichen. Mit Reis und Joghurtsauce, falls gewünscht, anrichten.

RAS EL HANOUT

1 TL Zimt
½ TL frisch gemahlener schwarzer Pfeffer
½ TL frisch gemahlener weißer Pfeffer
¼ TL frisch geriebener Muskat
¼ TL gemahlene Nelken
¼ TL gemahlener Kardamon

Alle Zutaten mischen und in einem fest verschlossenen Gefäß aufbewahren.

JOGHURTSAUCE

1 Tasse einfacher Joghurt
3 EL feingehackte frische Korianderblätter
1 TL Salz

Alle Zutaten mischen und bei Raumtemperatur servieren.

KRÄUTER DER PROVENCE

Auf den Hügeln der Provence wachsen die Kräuter wild, die mit ihrem vielfältigen Aroma die wunderbaren Gerichte der provenzalischen Küche würzen: Thymian, Rosmarin, Bohnenkraut, Fenchel, Majoran, Lorbeer und sogar Lavendel, dem man normalerweise eher seines Duftes als seines Aromas wegen Aufmerksamkeit schenkt. Die Speisen dieser Gegend sind auch reich an Knoblauch, frisch gepflückten Tomaten, Auberginen, Paprikaschoten und Zucchini, an saftigen Melonen und Pfirsichen, an Fisch, der noch fangfrisch auf den Märkten entlang der Quais verkauft wird, und an blaßgrünem Olivenöl, gewonnen aus Früchten, die von den Bäumen der Gegend geerntet werden.

So wie die strahlende Klarheit des provenzalischen Lichts berühmte Maler wie Monet, van Gogh, Renoir, Klee, Matisse und Picasso gefesselt hat, so haben auch die wilden Kräuter, die Weine und die frischen Gemüse berühmte Köche angezogen. Simone Beck (Simca), Roger Vergé und Richard Olney haben hier jahrelang gelebt und gearbeitet. Jetzt sind ihnen jüngere Küchenchefs wie Jean Ferrière nachgefolgt, der wie sie die wunderbar frischen Zutaten der Gegend schätzt.

Obgleich man Kräuter kaufen kann, die in Gärtnereien gezogen worden sind, suchen passionierte Gourmets lieber die aromatischeren, wilden Kräuter, die draußen frei wachsen. Kräuterbündel, am Morgen frisch gesammelt, werden auf den örtlichen Märkten verkauft.

Für Jean Caussade aus St. Rémy de Provence, der zu den größten Lieferanten von Qualitätskräutern gehört, sind wilde Kräuter, die von Pensionären und Zigeunern gesammelt werden, mindestens so wichtig wie die von ihm gezogenen. »Die Zigeuner wissen genau, wie sie die Kräuter pflücken müssen, damit eine neue Ernte nachgewachsen ist,

Bündel von frischem Basilikum, Estragon, Petersilie, Kerbel und Schnittlauch verlocken die Frühaufsteher auf dem Markt von Grasse zum Kauf (oben).

Die Hügel der Provence sind mit Lavendelfeldern übersät (links). Der etwas exotische Geschmack des Krautes wird zuweilen für Desserts verwendet. Tante Emilie steigt jeden Morgen auf die Hügel hinter Grasse und sammelt wilde Kräuter, die sie dann in dem kleinen Laden in ihrer Garage verkauft (unten). Empfehlungen für die Verwendung gibt sie gratis.

wenn sie das nächste Mal hier vorbeiziehen«, sagt er. M. Caussade kauft 600 Pfund wilde Kräuter auf einmal und behandelt die getrockneten Blätter in denselben Maschinen wie sein Großvater.

Wenn auch alle Köche der Gegend auf die gleichen Grundzutaten zurückgreifen, so verwenden sie diese jedoch auf ganz unterschiedliche Weise. Simcas Rezept für Kräuter der Provence zum Beispiel besteht aus vier Kräutern, die auf den Hügeln gepflückt werden. Die von den Stielen gestreiften getrockneten Blätter werden maschinell gemahlen und gesiebt, bevor sie in Gläser gefüllt werden. Sie nennt die Mischung *Motts,* ein Akronym für das Rezept: ein Teil Majoran, ein Teil Origano, zwei Teile Thymian (ihr Lieblingsgewürz) und ein Teil Bohnenkraut (*savory*). Es unterscheidet sich von den Mischungen, die auch zerbröckelte Blätter enthalten und Lavendel, Rosmarin und Fenchel einbeziehen. Während die gröbere Mischung am besten zu gegrilltem Fleisch, Ölen und Käse paßt, kann das feinere Gewürzpulver zu jedem Gericht verwendet werden.

Zwei große provenzalische Köche, Simca und Richard Olney, prosten sich im Schatten der Weinlaube auf Richards Terrasse zu.

Getrockneter Lavendel, Lindenblüten und Zitronenstrauchblätter warten in einem provenzalischen Laden darauf, gekauft und in Tees und Kräutermischungen verwandelt zu werden.

Jedesmal, wenn Roger Vergé in das provenzalische Hinterland fährt, sammelt er wilde Kräuter auf den Hügeln. Diese hier wurden ganz absichtslos in einem Korb arrangiert und als Tischdekoration für ein Fest in seinem Haus verwendet, bevor sie in die Küche des »Moulin de Mougins« wanderten.

KRÄUTERERNTE FÜR DEN MEISTERKOCH

Einige Kilometer von Simcas Domaine de Bramafan entfernt liegt Mougins. Einst eine mittelalterliche Festung, ist diese kleine Stadt auf den Hügeln oberhalb von Cannes heute ein kulinarisches Zentrum mit mehr berühmten Restaurants als irgendwo in diesem Landstrich. Mougins war fast unbekannt, bis Roger Vergé den »Moulin de Mougins« im Jahre 1969 kaufte. Innerhalb von vier Jahren machte er aus dem Restaurant in einer Mühle aus dem 18. Jahrhundert, in der bis Mitte der sechziger Jahre Olivenöl gepreßt wurde, eines der besten Lokale in Frankreich.

Roger Vergé lebte und arbeitete an vielen Orten, bevor er sich in Mougins niederließ, aber die Provence ist für ihn die Gegend, in der er am einfachsten seine Kochphilosophie ausdrücken kann: »Ich versuche, den Naturprodukten ganz nahe zu sein und die Harmonie zwischen den Ingredienzien zu entdecken. Ich liebe die mediterrane Küche, aber nicht so, wie sie in Paris verstanden wird. Dort bedeutet ›provenzalisch‹: Tomaten, Knoblauch und Basilikum. Hier verwenden wir die richtigen Kräuter, um das Aroma einer jeden Speise, die wir kochen, wirklich schmecken zu können.«

M. Vergé meint: »Sie können beim Kochen wunderbar variieren, indem Sie verschiedene Kräuter mischen. Knoblauch, Minze und Origano zum Beispiel ergeben eine sehr interessante Verbindung.« Er gibt getrocknete Holunderblüten zu den Kräutern und würzt mit dieser außergewöhnlichen Mischung seine Auberginen. Wie es in der nordafrikanischen Küche üblich ist, röstet er Samen und Gewürze oft, bevor er sie verwendet.

Die Desserts haben im »Moulin de Mougins« oft ein leichtes Lavendelaroma. Die Blüten werden in einen Sirup aus braunem Zucker getaucht, und wenn der Lavendelzucker kalt und hart geworden ist, wird er in einer Maschine zu Pulver gemahlen. Mit diesem feinen Lavendelpulver würzt er Cremes und andere Desserts.

M. Vergé garniert seine Gerichte auch mit den wichtigsten Kräutern der Jahreszeit: zum Beispiel mit Thymianblüten im Mai oder mit Basilikum im Sommer.

LAMMRIPPE MIT MILDEM KNOBLAUCHPÜREE

Für 4 Personen

2   kleine Lammrippen
     Thymian, Salz und Pfeffer
     Einige Lammknochen
3   EL Öl
60   g Schalotten, gehackt
1   Thymianzweig
1   Lorbeerblatt
2   ganze Knoblauchzwiebeln, ge-
     schält
1   EL Tomatenmark
½   Tasse Weinessig
1   Tasse Rotwein
½   Tasse Crème fraîche
1   ½ EL Butter

Den Backofen auf 220°C vorheizen. Das Lammfleisch mit Thymian, Salz und Pfeffer würzen und ungefähr 30—35 Minuten bzw. ungefähr 8—9 Minuten pro 450 g *medium* braten.

In der Zwischenzeit die Knochen mit einem Hackmesser zerkleinern und in heißem Öl in einem gut verschließbaren, schweren gußeisernen Topf bräunen. Das Öl abgießen und die gehackten Schalotten, Thymian, Lorbeerblatt, 2 Knoblauchzehen und das Tomatenmark hinzufügen. Diese Mischung dünsten, bis die Schalotten glasig sind. Dann Essig und Rotwein dazuschütten. Noch einige Pfefferkörner dazugeben und das Ganze auf ein Viertel einkochen. Wasser dazuschütten und die Mischung auf die Hälfte einkochen lassen.

Während dessen die restlichen Knoblauchzehen in eine Kasserolle geben, mit kaltem Wasser bedecken und einige Minuten lang kochen lassen.

Anschließend abtropfen lassen. Diesen Vorgang fünfmal wiederholen, den noch warmen, abgetropften Knoblauch in einen Mixer geben und fein pürieren.

Die erste Mischung durch ein Sieb in eine Kasserolle geben, die Crème fraîche dazuschütten und 2 Minuten lang kochen. Mit dem Knoblauchpüree binden und die Butter darunterschlagen. Die Sauce noch einmal durchseihen und abschmecken.

Das fertig gebratene Fleisch einige Minuten lang ruhen lassen, bevor es aufgeschnitten wird. Das Lamm mit einem frischen Zweig Thymian garnieren und auf einzelnen Tellern in etwas Sauce anrichten.

Roger Vergé (S. 212 links) bereitet eine Sauce in der Küche des »Moulin de Mougins«. In der Hochsaison werden Bündel von frischem Basilikum mit feinem Olivenöl püriert (S. 212 rechts) und dann im Kühlschrank aufbewahrt, um den ganzen Winter über den Menüs frischen Basilikumgeschmack zu verleihen.
M. Vergé garniert die Teller mit Kräutern, die auch in dem Gericht Verwendung finden (oben). Hier ist ein Sträußchen von frischem Thymian einer mit Thymian gewürzten Lammrippe beigelegt.

213

DIE WÜRZKUNST EINES JUNGEN KOCHS

Östlich von Mougins, in den Hügeln oberhalb von Vence, herrscht Jean Ferrière, einer der jungen Küchenchefs der Provence, über die Küche des Château du Domaine Saint-Martin. Mitten in die mittelalterlichen Ruinen des Hauptquartiers der Tempelritter gebaut, schaut dieses luxuriöse Hotel über die saftiggrüne Landschaft mit den roten Ziegeldächern und das Blau des Mittelmeers im Hintergrund. Das Château hat eigene Hühner, um immer frisches Fleisch und frische Eier vorrätig zu haben, und es besitzt eigene Obst-, Gemüse- und Kräutergärten.

Jean erlernte das Kochen bei seinem Vater, einem Meisterkoch. Er vervollkommnete seine Fähigkeiten in mehreren Zwei-Sterne-Restaurants in Frankreich und im »Savoy« in London. Seine im Laufe der Jahre gewonnenen Kenntnisse und Erfahrungen kann er nun nutzbringend anwenden, um die klassischen Rezepte der Provence seinem eigenen Kochstil anzupassen. Er kreiert Gerichte, die auf den feinsten und frischesten Produkten der Gegend basieren, die aber nicht zu kompliziert sind. »Es ist wichtig, daß man den Geschmack der Speisen selbst schmeckt«, sagt er. »Sie müssen die Gemüse und das feine Aroma des Fisches schmecken und genießen. Kräuter sollten das Eigenaroma verstärken, aber nicht übertönen.«

In Jeans Küche geht man mit Kräutern phantasievoll um. Jean gibt nur einige Rosmarin- oder Thymianblüten ans Lamm, da alle Lämmer, die auf den Hügeln der Gegend grasen und den wild wachsenden Rosmarin und Thymian fressen, ohnehin schon nach diesen Kräutern schmecken. Er belebt Salate, indem er etwas Minze an eine leichte Vinaigrette gibt, die zu gleichen Teilen aus Weinkernöl und Erdnußöl, Himbeeressig, Salz, Pfeffer und einer Spur Cayenne besteht. Er parfümiert eine seiner Spezialitäten, den *loup de mer* (Wolfsbarsch), mit Estragon und Fenchel, um den lieblichen Geschmack des Fisches zu unterstreichen. Das Rezept dieses eleganten, aber einfachen Gerichts folgt.

LOUP DE MER EN PAPILLOTE

Für 2 Personen

Dieser Wolfsbarsch ist typisch für den verfeinerten und doch einfachen Geschmack den Jean immer wieder bei seinen Gerichten anstrebt. Obwohl der Fisch so eindrucksvoll angerichtet wird, läßt er sich überraschend leicht zubereiten.

1 frischer Wolfsbarsch (ca. 1000 g schwer), gereinigt und entgrätet, oder ein ähnlicher Mittelmeerfisch
Salz und frisch gemahlener schwarzer Pfeffer
Fenchelknollen

6 bis 8 Zweige frischer Estragon
9 EL Butter
2 Tassen trockener Wermut
1 Tasse süße Sahne

Den Backofen auf 200°C vorheizen. Den Fisch mit Papiertüchern abtrocknen. Mit Pfeffer und Salz bestreuen. Die Bauchhöhle mit einer Mischung aus frisch gehackten Fenchelknollen und einigen Zweigen Estragon füllen. (Bewahren Sie 3 Estragonzweige für die Sauce auf.)

Den Fisch auf die Mitte eines Pergamentpapierbogens legen, der ungefähr 20—25 cm länger ist als der Fisch. Einen anderen Bogen Pergamentpapier nehmen und ihn auf den Fisch legen. Die beiden Bögen zunächst an einer der langen Seiten mehrmals zusammenfalten. Den Vorgang an den beiden kurzen Seiten wiederholen. Danach den unteren Papierbogen mit der Öffnung nach oben etwas hochheben, eine Tasse von dem Wermut hineingießen und das ganze Paket verschließen, indem die beiden Papierbögen an der noch offenen Seite mehrmals zusammengefaltet werden. Die *papillote* auf ein Backblech legen und den Fisch 25 Minuten lang garen. Die Hitze des Ofens bewirkt, daß sich die *papillote* aufbläht und goldbraun wird.

Inzwischen die Sauce zubereiten. Die andere Tasse Wermut und die Sahne in eine mittelgroße Kasserolle gießen und die restlichen frischen Estragonzweige hineinlegen. Die Sauce ungefähr 7—10 Minuten lang bei starker Hitze auf ein Minimum einkochen lassen. Vom Feuer nehmen, den Estragon entfernen und die Butter eßlöffelweise hineinschlagen.

Den Fisch in der *papillote* auf einer Platte servieren. Das Papier am Tisch aufschneiden. Die Sauce getrennt in eine Saucière anrichten.

Sie können auch jeden anderen Fisch mit anderen Kräutern nach der gleichen Methode zubereiten.

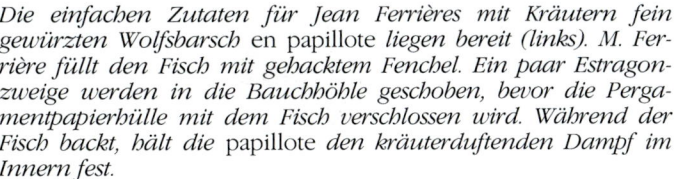

Die einfachen Zutaten für Jean Ferrières mit Kräutern fein gewürzten Wolfsbarsch en papillote liegen bereit (links). M. Ferrière füllt den Fisch mit gehacktem Fenchel. Ein paar Estragonzweige werden in die Bauchhöhle geschoben, bevor die Pergamentpapierhülle mit dem Fisch verschlossen wird. Während der Fisch backt, hält die papillote den kräuterduftenden Dampf im Innern fest.

Links: Beim Anrichten zerschneidet ein Kellner die gebräunte papillote, und der saftige Fisch wird sichtbar. Das Château du Domaine Saint-Martin liegt auf einem Hügel oberhalb von Vence (oben). Ein Olivenkrug mit Geranien (Mitte) steht auf der Terrasse. Der Kräutergarten des Château (unten) liefert viel von dem Gemüse und den Kräutern für M. Ferrières Spezialitäten.

217

EIN AMERIKANER KOCHT PROVENZALISCH

Richard Olney, der vor 30 Jahren seine Heimat Iowa in den Vereinigten Staaten verlassen hat, um in Frankreich zu malen, ist inzwischen eine Autorität auf dem Gebiet der provenzalischen Kochkunst geworden. Sein gemütliches Haus in den Hügeln über Toulon ist von einem üppigen Kräuter- und Blumengarten umgeben. Bei warmem Wetter dient eine kleine, von einer Weinlaube überschattete Terrasse als Eßzimmer.

Richards Interesse am Kochen erwachte, als er im Alter von acht oder neun Jahren seiner Erzieherin beim Zubereiten einer Mehlschwitze zusah. Als er ungefähr zehn Jahre alt war, konnte er für seinen Vater schon das Geburtstagsessen kochen. Inzwischen ist er ein bekannter Kochlehrer, der zwei Bücher über die französische Küche geschrieben und vor kurzem eine Reihe Kochbücher für die Time-Life-Serie fertiggestellt hat.

Während seiner Jahre in Toulon lernte Richard die provenzalischen Produkte, Zutaten und Gerichte und die Leute, die sie zubereiten, kennen und schätzen. »Die Menschen in der Provence verwenden alle Kräuter, die hier wachsen«, sagt er. »Nicht wie in Italien, wo die Leute Puristen sind und meistens nur Origano und Salbei verwenden.«

Fragt man ihn, welches Kraut er am meisten liebt, so stimmt er mit seiner Freundin Simca überein. »Wenn ich ein einziges Kraut wählen müßte«, sagt er, »dann wäre es Thymian«. Richard verwendet für Sorbets auch wilden Portulak, den er körbeweise in seinem Garten sammelt. »Die einzigen beiden Kräuter, mit denen man vorsichtig umgehen muß«, rät er, »sind Salbei und Rosmarin. Ihr Aroma kann zu aggressiv werden. Wenn ich zum Beispiel grille, werfe ich nur etwas Rosmarin ins Feuer, um den Rauch zu aromatisieren oder ich verwende einen Rosmarinpinsel für die Marinade.«

Oben: Richard Olney pflückt Ysop für gegrillte Sardinen und Salate.

218

Bündel von getrocknetem Thymian, Richards Lieblingskraut, liegen auf der mit Tonfliesen belegten Arbeitsplatte unter dem Küchenfenster.

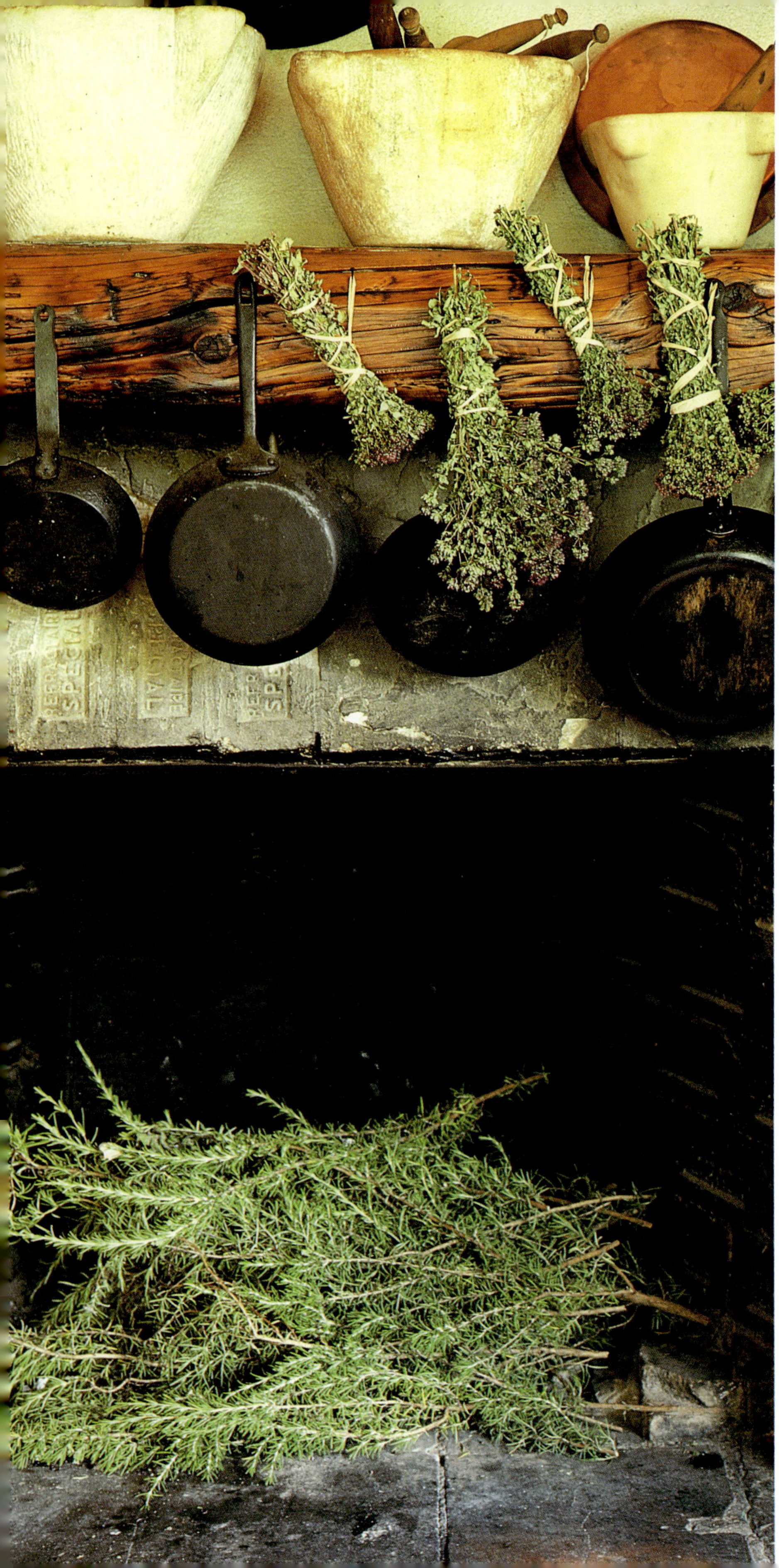

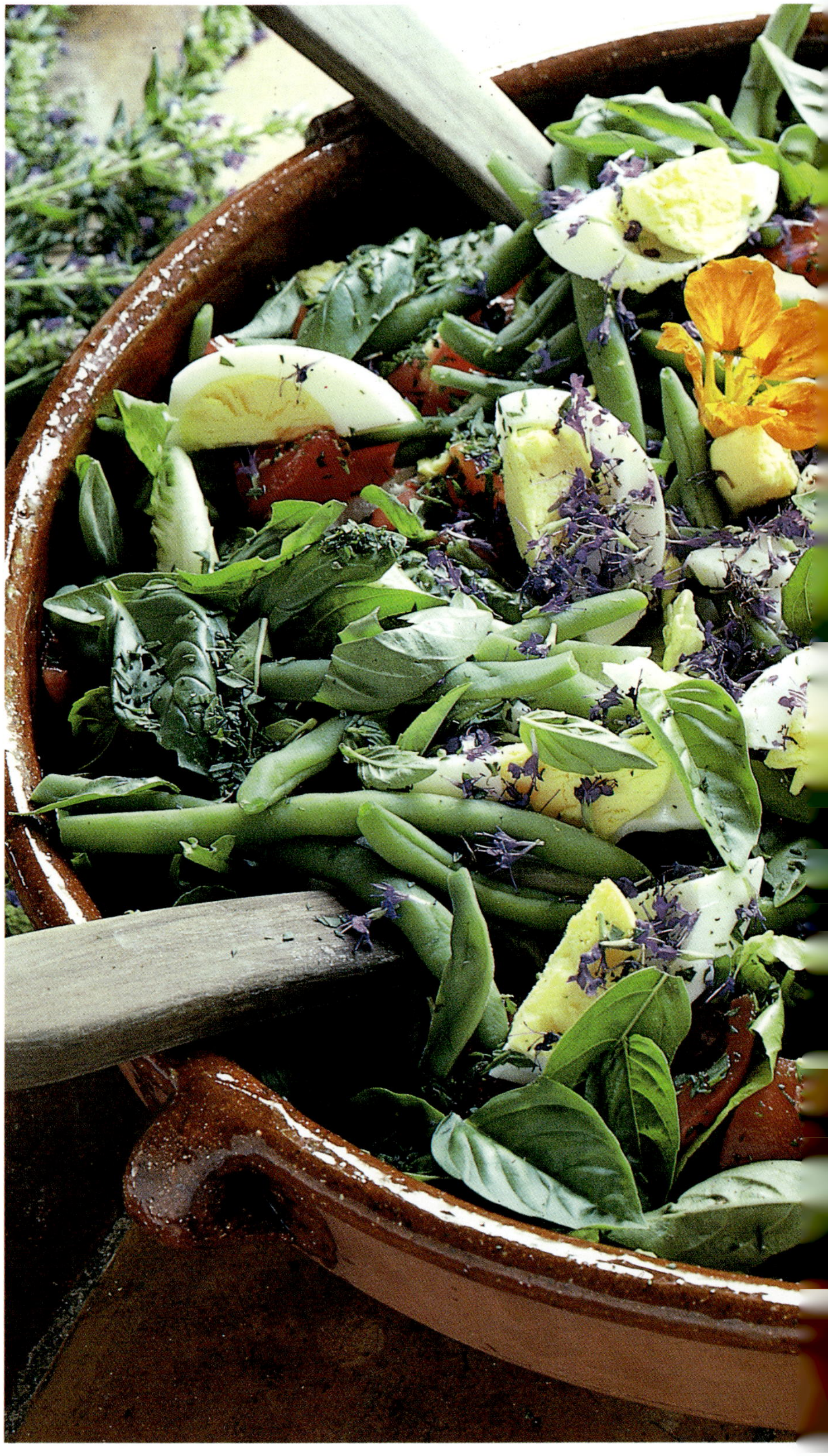

Mit Bast zusammengeschnürte Bündel von getrocknetem Majoran (links oben) hängen am Kamin unter Richard Olneys Sammlung von antiken Mörsern und Stößeln. Rosmarinzweige liegen auf dem Boden (darunter). Richard (rechts) streut leuchtendblaue Ysopblüten auf seinen Sommersalat, der mit pfeffrigem Ysop, Blüten der Kapuzinerkresse und würzigem Basilikum garniert ist.

Richards Lieblingsgericht im Sommer ist ein Salat, der aus allem zusammengestellt wird, was Garten und Küche gerade zur Verfügung haben. Er verwendet immer einige Kräuter zum Würzen und einige Kräuterblüten, die einen eigenen feinen Geschmack haben und dem Salat einen farbigen Akzent verleihen. Die Salatsauce ist eine einfache Vinaigrette, die auf einem Kräuteressig basiert, den Richard selbst abfüllt und mindestens ein Jahr reifen läßt. »Das Aroma reift mit den Jahren aus, wie es auch beim Wein der Fall ist«, sagt er. Das Olivenöl stammt aus dem Hinterland der Provence. Ob der Salat nun als Vorspeise oder als Hauptgericht serviert wird, immer wird er natürlich von Richards Lieblingsweinen aus der Gegend begleitet.

SOMMERSALAT

Für 4 Personen

- 4 rote Paprikaschoten
- 1 Zwiebel, in dünne Scheiben geschnitten
- 1 Knoblauchzehe
- 1 TL grobes Salz
  Frisch gemahlener Pfeffer
- 2 EL Rotweinessig
- 6 oder 8 EL Olivenöl
  Verschiedene Gemüse und Salate einschließlich Rauke, Arugula, Sauerampfer und Chicorée
- 3 Tomaten, in mundgerechte Stücke geschnitten
- 4 hartgekochte Eier, in Viertel geschnitten
  Frische Kräuter und Kräuterblüten: Portulak, Basilikum, Ysopblätter und -blüten, Blüten von Kapuzinerkresse

Die Paprikaschote in Streifen schneiden und zusammen mit der in Scheiben geschnittenen Zwiebel in eine große Salatschüssel legen. Eine Vinaigrette zubereiten, indem man den Knoblauch mit 1 TL Salz und etwas Pfeffer zerdrückt. Der Knoblauch sollte vollständig püriert sein. Den Essig dazugeben, gut umrühren und anschließend das Öl hineinrühren. Die Vinaigrette über Zwiebeln und Paprikaschoten gießen und diese ungefähr 2—3 Stunden in der Marinade ziehen lassen.

Bevor Gemüse und Salate dazugegeben werden, das Salatbesteck gekreuzt über die Paprikaschoten und Zwiebeln legen. (Dadurch läßt sich verhindern, daß die Salate und Gemüse zu lange in der Vinaigrette liegen und schlaff werden). Gewaschene und abgetrocknete Gemüse und Salate dazugeben. Basilikumblätter, junge Portulakblätter und fein gehackte Ysopblätter hinzufügen und zum Schluß den Salat mit blauen Ysopblüten und orangefarbenen Blüten der Kapuzinerkresse garnieren. Den Salat erst am Tisch gut durchmischen.

Ein Buffet mit Kräuterdesserts: reife Erdbeeren und Orangenscheiben mit frischem Koriander und Ingwer; Windbeutel mit Schokoladen-Minze-Creme und -Sauce; gefrorene Schokoladenmousse und eine Buttercremetorte mit Zitronengeranium und Zitronenstrauchblättern.

SÜSSE KRÄUTERDESSERTS

Warum sollten aromatische Kräuter nicht auch Ihren Desserts eine besondere Note verleihen? Minze und Ingwer sind natürlich die üblichen Dessertkräuter, aber auch Rosen, Lavendel, Zitronenmelisse, Zitronenstrauch und sogar der aromatische Lorbeer, Anis, Kümmel, Koriander und Thymian können für Früchte, Käse, Kuchen, Plätzchen und Cremes verwendet werden.

Mit Kräuteraufgüssen können Sie auf einfache Weise Kuchen, Pudding und Saucen ein Kräuteraroma verleihen. Geben Sie das Kraut in die im Rezept vorgesehene, erhitzte Flüssigkeit. Nach dem Abkühlen wird sie durchgesiebt und weiter verarbeitet. Sorbets (S. 226—227) werden nach derselben Methode zubereitet. Um Kräuterzucker herzustellen, legen Sie in ein mit Zucker gefülltes Gefäß für ein paar Wochen einige Kräuterblätter und verschließen es fest. Der Zucker kann auf diese Weise das Aroma der Kräuter absorbieren. Die Kräuterzucker schmecken besonders gut zu frischen Früchten. Und Kräuteressig können Sie — ähnlich wie Likör — auf Früchten, in Saucen und zu Pudding verwenden.

Frische Früchte können auch mit ein paar Kräuterblättchen aus dem Garten gewürzt werden. Samen oder gehackte Kräuter eignen sich gut für Backwaren zum Dessert — wie zum Beispiel die traditionellen Fenchel- oder Mohnkuchen und die Kümmelplätzchen.

Wenn Sie Phantasie entwickeln, werden Sie viele Möglichkeiten finden, um auch in Ihren Desserts Kräuter zu verwenden. Die nachfolgenden Rezepte sollen dazu Anregungen geben.

WINDBEUTEL MIT GEFRORENER SCHOKOLADEN-MINZE-CREME

Ergibt 12 große oder 24 kleine Windbeutel

Wenn Sie Minze in Fülle im Garten haben (oder auch im Winter, wenn Sie die frischen Blätter durch getrocknete ersetzen können), sind diese Windbeutel, die mit einer Schokoladen-Minze-Creme gefüllt und mit einer Schokoladen-Minze-Sauce übergossen werden, eine sehr reichhaltige, aber erfrischende Nachspeise nach einem besonderen Essen.

8	EL Butter
1/4	TL Salz
1	Tasse Weizenmehl
4	Eier

Eine Tasse Wasser, die Butter und das Salz in eine Kasserolle geben und alles zum Kochen bringen. Die Kasserolle vom Feuer nehmen und das Mehl auf einmal dazugeben. Das Mehl so lange in die Flüssigkeit rühren, bis es vollständig aufgenommen ist. Die Kasserolle wieder aufs Feuer stellen und weiterrühren, bis der Teig sich von den Rändern des Topfes löst.

Den Backofen auf 220°C vorheizen. Die Kasserolle vom Feuer nehmen und die Eier nacheinander hineinschlagen. Den Teig eßlöffelweise (oder teelöffelweise für kleine Windbeutel) auf ein nicht gefettetes Backblech setzen. Ungefähr 30 Minuten backen, bis sie goldbraun sind. Den Ofen abdrehen und die Windbeutel mit einer Messerspitze einstechen. 10 Minuten lang zum Trocknen im Ofen lassen. Inzwischen die Schokoladen-Minze-Creme zubereiten.

GEFRORENE SCHOKOLADEN-MINZE-CREME

4 EL gehackte frische Pfefferminze
1/2 Tasse kochendes Wasser
60 g bittere Schokolade
30 g halbbittere Schokolade
3 Eiweiß
1 Tasse Zucker
2 Tassen süße Sahne
1/2 Teelöffel Vanilleextrakt

Die Minze in das kochende Wasser geben und 30 Minuten lang ziehen lassen. Den Minzeaufguß durchseihen und in eine Wasserbadschale gießen. Die Schokolade dazugeben und im Wasserbad schmelzen lassen. Das Eiweiß schlagen, bis es steif, aber nicht trocken ist. Langsam den Zucker darunterrühren, bis sich eine dicke, glatte Meringue gebildet hat.

Die Sahne schlagen. Vorsichtig Schlagsahne, abgekühlte Schokoladenmischung und Vanilleextrakt unter das geschlagene Eiweiß ziehen. Die Mischung in einen Spritzbeutel füllen und in die aufgeschnittenen Windbeutel spritzen. Die Windbeutel zugedeckt auf einem Tablett gefrieren lassen oder – wenn Sie ein leichteres Dessert vorziehen – die Creme in eine Schale füllen, tiefkühlen und in Dessertschälchen servieren, eventuell mit gezuckerten Minzeblättern garniert.

SCHOKOLADEN-MINZE-SAUCE

1/4 Tasse kochendes Wasser
2 EL gehackte frische Minze
270 g halbbittere Schokolade
45 g bittere Schokolade
1 EL Butter
1/2 Tasse Milch

Das kochende Wasser über die gehackte Minze gießen. 20–30 Minuten lang ziehen lassen. Den Aufguß durchseihen. Schokolade und Butter im Wasserbad über heißem Wasser schmelzen lassen. Die Milch und 2 EL des durchgeseihten Minzesuds hineinrühren. Gründlich umrühren und die Sauce noch warm über die Windbeutel gießen.

Zubereitung der gezuckerten Minzeblätter: Die Blätter gründlich waschen und trocknen. Jedes Blatt mit leicht geschlagenem Eiweiß bepinseln und in ganz feinen Zucker tauchen. Die Blätter zum Trocknen auf Wachspapier legen. Die fertigen Blätter können zwischen Lagen von Wachspapier in einer geschlossenen Dose aufbewahrt werden.

PFIRSICHPLÄTZCHEN NACH MARIA PRICE

Ergibt ungefähr 4 Dutzend Plätzchen

Maria Price, deren Garten Sie auf Seite 11 gesehen haben, verwendet ihre eigenen Kräutergelees, um traditionelle Plätzchen in köstliches Kräutergebäck zu verwandeln. Sie fügt oft einige Blättchen eines Krautes an das Grundrezept. Oder sie verwendet in Zucker gewälzte Blätter von verschiedenen Kräutern wie Minze, Zitronenmelisse und Zitronenstrauch oder Veilchen- und Borretschblüten oder Rosenblätter als hübsche, eßbare Dekorationen.

¾ Tasse Butter
½ Tasse Milch
1 Tasse Zucker
2 Eier
1 TL Backpulver
3¾ Tassen Weizenmehl

1 TL Vanilleextrakt
⅔ Tasse Aprikosenmarmelade
2 EL gehackte Pfefferminzeblätter
¼ Tasse Schokoladenstücke, geschmolzen und abgekühlt
⅓ Tasse gemahlene Pecannüsse
2 TL Rum oder Sherry
¼ Tasse Wasser
1 Tasse Zucker
Lebensmittelfarbe in Rot und Gelb-orange
Ganze kandierte Minzeblätter zum Garnieren

Den Backofen auf 160°C vorheizen. Butter, Milch, Zucker, Eier, Backpulver und 2 Tassen Mehl in die Schüssel eines elektrischen Rührgeräts geben. Alles bei niedriger Geschwindigkeit vermischen. Den Teig anschließend 1 Minute lang bei mittlerer Geschwindigkeit schlagen. Das restliche Mehl und die Vanille hineinrühren. Der Teig soll glatt und geschmeidig sein.

Den Teig zu ungefähr 2 cm großen Bällen formen (jeder Ball stellt zum Schluß eine Pfirsichhälfte dar), im Abstand von 2,5 cm auf ein nicht gefettetes Backblech legen und auf der mittleren Schiene des Ofens 15—20 Minuten lang backen, bis die Plätzchen am Boden braun sind. Auf einem Gitter abkühlen lassen.

Mit der Spitze eines kleinen Messers in die Mitte der flachen Seite eines jeden Plätzchens ein Loch bohren, indem man das Messer vorsichtig dreht. Die Krümel aufheben. Die Marmelade mit den gehackten Minzeblättern auf niedriger Flamme erwärmen, 1½ Tassen des aufgehobenen Krümel, Schokolade, Nüsse und Rum hinzufügen. Die ausgehöhlten Plätzchen mit dieser Mischung füllen.

Aus den Plätzchen Pfirsiche formen, indem man die flachen Seiten von jeweils zwei Plätzchen vorsichtig aufeinanderlegt und leicht andrückt. ⅓ des Zuckers mit Lebensmittelfarbe rot, ⅔ gelb-orange färben. Jeden ›Pfirsich‹ leicht mit Wasser bestreichen und sofort eine Seite in rotem Zucker wälzen. Danach über den ganzen Pfirsich gelb-orangefarbenen Zucker streuen. Ein kandiertes Minzeblatt in den Spalt an der Oberseite des ›Pfirsichs‹ stecken. Die ›Früchte‹ zum Trocknen auf ein Gitter legen.

FRÜHLINGSKOMPOTT

Für 6 Personen

Das ist meine Version eines Kompotts aus frischen Orangen und Erdbeeren, das ich einmal im Frühjahr in Paris gegessen habe. Die Ingwerwurzel verleiht ihm eine angenehme Schärfe, während der Koriander das frische Aroma der Früchte zu verstärken scheint.

4 Navelorangen
500 g frische Erdbeeren
½ Tasse fruchtiger Weißwein (kann wegbleiben)
1 EL frisch gemahlene Ingwerwurzel (nach Geschmack)
3 EL gehackte frische Korianderblätter
Zucker nach Wunsch

Die Orangen über einer Schüssel schälen und schneiden, um den Saft

aufzufangen. Die Orangenscheiben, die Erdbeeren und den Saft zusammen in eine Schüssel geben. Nach Wunsch den Wein zugeben; dann Ingwer und Koriander. Sorgfältig umrühren und das Kompott vor dem Servieren eine Stunde lang stehen lassen. Nach Geschmack 1—2 Eßlöffel Zucker hinzufügen.

ZITRONEN-LIMETTENKUCHEN

Dieser saftige, altmodische Kuchen nimmt während des Backens das zarte Aroma des Zitronengeraniums und des Zitronenstrauchs auf. Dieselben Kräuter aromatisieren auch den Zucker, der für die Creme verwendet wird.

KUCHEN

- 3 EL feingehackte frische Zitronenstrauchblätter
- 1 Tasse Milch
- 6 bis 8 Blätter Zitronengeranium
- 225 g Butter
- 2 Tassen Zucker
- 4 Eier, getrennt
- 3 Tassen Weizenmehl
- 2 TL Backpulver
- 1 TL Vanilleextrakt

Die Blätter des Zitronenstrauchs zusammen mit der Milch in einen schweren emaillierten Topf geben, erhitzen und kurz vor dem Kochen vom Feuer nehmen. Die Blätter in der Milch ziehen lassen, bis sie abgekühlt ist. Die Milch kann durchgesiebt werden, bevor sie in den Teig gegeben wird, das Kraut kann aber auch in der Milch bleiben, damit der Kuchen kleine grüne Tupfen bekommt.

Heizen Sie den Backofen auf 180°C vor. Zwei Kuchenformen ausbuttern, die ungefähr einen Durchmesser von 22 cm haben, und jeden Boden mit Kreisen aus Pergamentpapier oder gewachstem Papier auslegen. Das Papier einfetten und 3—4 Zitronengeraniumblätter auf den Boden einer jeden Kuchenform legen.

Die Butter cremig schlagen. Langsam den Zucker unter die Butter schlagen, bis die Creme leicht und locker ist. Nacheinander das Eigelb dazugeben und darauf achten, daß nach jeder Zugabe die Creme gut durchgeschlagen wird. Das mit Backpulver und Vanilleextrakt vermischte Mehl abwechselnd mit der Milch in die Creme schlagen.

Eiweiß steifschlagen und vorsichtig unter den Teig heben.

Den Teig in die vorbereiteten Kuchenformen geben und ungefähr 25 Minuten lang backen. Die Kuchen aus den Formen lösen, jeweils das Papier und die Geraniumblätter abziehen und zum Abkühlen auf Gitter legen.

ZITRONENCREME

- ¼ Tasse Milch
- 2 EL gehackte, frische Zitronenstrauchblätter
- 8 EL Butter
- 1 Paket mit Zitronengeranium gewürzter Puderzucker (Rezept folgt)
  Saft von ½ Zitrone
  Saft von ½ Limette (Limone)
  Einige Tropfen gelbe oder grüne Lebensmittelfarbe (nach Wunsch)
  Blüten und Zweige von Zitronengeranium oder Zitronenstrauch zum Garnieren

Die Milch zusammen mit den Blättern des Zitronenstrauchs in einem schweren emaillierten Topf erhitzen und das Kraut 30 Minuten lang ziehen lassen. Die Milch durchseihen.

Die Butter cremig schlagen. Langsam den aromatisierten Zucker, die Milch und den Zitronen- und Limonensaft dazugeben. Alles gut verquirlen. Die Zitronencreme sollte leicht und lokker sein. Wenn notwendig, noch etwas mehr Milch dazugeben. Nach Wunsch Lebensmittelfarbe hineinrühren.

Bevor die beiden Kuchen übereinandergelegt werden, etwas Buttercreme auf den unteren Kuchen geben. Die Torte ringsherum mit der Buttercreme bestreichen. Wenn möglich, mit Blüten oder Zweigen von Zitronengeranium und Zitronenstrauch garnieren.

MIT ZITRONENGERANIUM AROMATISIERTER PUDERZUCKER

- 6 bis 8 Zitronengeraniumblätter, leicht zerdrückt
- 1 Päckchen Puderzucker

Die Geraniumblätter mit dem Zucker in ein fest verschließbares Glas geben und vor Gebrauch mindestens eine Nacht stehenlassen.

ZITRONEN-MINZE-SORBET

Ergibt ca. 1 Liter

- 1/4 Tasse frische Blätter von Orangenminze oder grüner Minze (mentha spicata)
- 2 Tassen Zucker
- 5 Tassen Wasser
- 1 Tasse Mineralwasser (möglichst ohne Salz)
  Saft von 4 bis 5 Zitronen
  Fein geriebene Schale von 1 Zitrone

Den Minzesirup nach der Grundanleitung auf Seite 170 zubereiten.

3 Tassen des Sirups mit den restlichen Zutaten in einer Schüssel verrühren und die Mischung in einer Eismaschine oder im Kühlfach des Eisschranks gefrieren lassen. Wenn das Kühlfach benutzt wird, das Sorbet mehrmals umrühren, um die Eiskristalle aufzulösen, und wieder gefrieren lassen.
Anmerkung: Peter Godoff ist der Meinung, daß Mineralwasser das Sorbet luftiger macht.

BIRNEN-INGWER-SORBET

Ergibt ca. 1 Liter

- ¼ Tasse frisch gemahlene Ingwerwurzel
- 2 Tassen Zucker
- 3 Tassen Wasser
- 4 reife Birnen
- 1/2 Tasse süßer Weißwein (junger Sauterne oder fruchtiger Mosel)
- 1 TL frischer Zitronensaft

Den Ingwersirup nach der Grundanleitung auf Seite 170 zubereiten.

Sehr reife Birnen verwenden. Die Birnen schälen und die Gehäuse entfernen. In einem elektrischen Mixer pürieren.

2 Tassen Sirup, 2½ Tassen Birnenpüree und die anderen Zutaten in einer Schüssel verrühren und die Mischung in einer Eismaschine oder im Kühlfach des Eisschranks gefrieren lassen. Wenn das Kühlfach benutzt wird, das Sorbet mehrmals umrühren, um die Eiskristalle aufzulösen und wieder einfrieren.

PLÄTZCHEN MIT ZITRONENSTRAUCHGELEE

Ergibt ungefähr 18 Plätzchen

Hier haben Sie ein anderes Beispiel dafür, wie Maria Price mit ihren Kräutergelees einfache Plätzchen in köstliches Kräutergebäck verwandelt.

- 8 EL weiche Butter
- ¼ Tasse hellbrauner Zucker
- 1 Ei, getrennt
- 1¼ Tasse Weizenmehl
- ½ Tasse fein gehackte Nüsse
  Zitronenstrauchgelee (Rezept folgt)
- ½ Tasse Puderzucker
- 2½ TL frischer Zitronensaft

Die Butter cremig schlagen. Langsam den braunen Zucker dazugeben und die Mischung so lange schlagen, bis sie leicht und locker ist. Zuerst das Eigelb und dann das Mehl hineingeben. Den Teig zu einem Ball formen, in Pergamentpapier wickeln und 1 Stunde lang in den Kühlschrank legen.

Den Backofen auf 180°C vorheizen. Den gekühlten Teig in zwei Hälften teilen. Jede Hälfte auf einem leicht bemehlten Brett zu einem Zylinder mit einem Durchmesser von 2,5 cm formen. Die Zylinder nebeneinander legen und in knapp 2 cm dicke Scheiben schneiden. Jede Scheibe mit den Händen zu einem kleinen Ball formen. Das Eiweiß leicht schlagen. Die Teigbällchen in das Eiweiß und dann in die gehackten Nüsse tauchen. Die Bällchen zwischen den Handflächen rollen, um sicher zu gehen, daß die Nüsse fest am Teig kleben.

Die Plätzchen auf ein leicht eingefettetes Backblech legen. Einen Zeigefinger in Mehl tauchen und mitten in jedes Plätzchen eine Vertiefung eindrücken. Diese mit etwas Zitronenstrauchgelee füllen und die Plätzchen 12—15 Minuten lang backen, bis sie goldbraun sind. Auf einem Gitter abkühlen lassen.

Puderzucker mit Zitronensaft verrühren, bis die Mischung ganz glatt ist. Etwas davon in die Mitte jedes Plätzchens geben. Wenn die Glasur fest ist, die Plätzchen in einer luftdicht verschlossenen Dose an einem kühlen, trockenen Ort aufbewahren. Zwischen die einzelnen Schichten Pergamentpapier legen, damit sie nicht aneinanderkleben.

ZITRONENSTRAUCHGELEE

Ergibt ungefähr 2½ Tassen Glee

- 2 Tassen zerkleinerte Zitronenstrauchblätter
- 2½ Tassen kochendes Wasser
- ¼ Tasse Apfelweinessig
- 4½ Tassen Zucker
- 1 bis 2 Tropfen gelbe Lebensmittelfarbe (nach Wunsch)
- ½ Flasche (90 ml) feinflüssiges Pektin

Die zerkleinerten Blätter in eine mittelgroße Schüssel geben. Das kochen-

de Wasser auf die Blätter schütten, zudecken und 15 Minuten lang stehenlassen. Den Aufguß durchseihen, 2 Tassen davon abmessen und in eine große schwere Kasserolle gießen.

Essig und Zucker dazu geben und alles gut umrühren. Die Mischung zum Kochen bringen und dabei immer weiterrühren. Das Pektin hineinrühren, die Mischung erneut zum Kochen bringen und 1 Minute stark kochen lassen. Währenddessen ständig rühren. Das fertige Gelee in sterilisierte Gläser füllen und luftdicht verschließen.

Erfrischendes Zitronen-Minze-Sorbet (S. 226) wird in einer ausgehöhlten Zitrone serviert und mit einem frischen Minzeblatt garniert. Um aus altbewährten Plätzchen wie diesen (links) Kräuterköstlichkeiten zu machen, füllt Maria Price sie mit verschiedenen selbst hergestellten Kräutergelees.

KRÄUTERTEES

Kräutertees können herb und sauer sein, mild und fruchtig, scharf und pikant, oder einen erfrischenden Minzegeschmack haben. Sie werden wegen ihres Aromas und aus therapeutischen Gründen getrunken: um Verdauungsbeschwerden zu lindern, den Geist anzuregen, den Magen zu beruhigen, den Schlaf zu fördern oder eine Erkältungskrankheit zu lindern.

Weil das Aroma von Kräutertees so zart ist, finden Sie es zunächst vielleicht uninteressant. Um sich an den Geschmack von Kräutertees zu gewöhnen, sollten Sie einige Zitronenstrauchzweige und einen Zweig Rosmarin oder ein Rosengeraniumblatt in eine Kanne mit schwarzem Tee geben. Jedesmal, wenn Sie Tee trinken, geben Sie dann mehr Kräuter und weniger schwarzen Tee in die Kanne, und bald werden Sie das freundliche, teeinfreie Aroma zu schätzen wissen.

Sie können Kräutertees genauso wie schwarzen Tee zubereiten, indem Sie kochendes Wasser über die Kräuter gießen (1 TL getrocknete Kräuter oder 1 EL frische Kräuter auf 1 Tasse Wasser) und ihn zugedeckt 5 Minuten lang ziehen lassen. Die Kräuter sollten nicht länger als 10 Minuten ziehen, sonst entwickelt sich ein bitterer Geschmack. Wenn Sie ein stärkeres Aroma haben wollen, dann nehmen Sie lieber mehr Kräuter anstatt sie zu lange ziehen zu lassen.

Rinden und Wurzeln sollten Sie wie einen Absud zubereiten, da sich ihr Aroma sehr schwer extrahieren läßt. Legen Sie das Kraut in kaltes Wasser, bringen Sie es leicht zum Kochen, und lassen Sie es 15 Minuten leise köcheln. Verwenden Sie immer einen Glas-, Keramik-Emaille- oder Porzellankessel oder -topf, da die Alkaloide in den Kräutern äußerst empfindlich auf Metall reagieren.

Sie können Kräutertees aus einem einzigen Kraut, aber auch aus einer Kombination von vielen herstellen: die Variationen sind unbegrenzt. Nelken, Zimt und getrocknete Zitronenschalen aromatisieren einen Tee. Wenn Sie eine Mischung herausgefunden haben, die Ihnen besonders zusagt, dann bereiten Sie gleich eine größere Menge davon, die Sie in einer Dose aufbewahren können.

Im Sommer sind Eistees besonders erfrischend, vor allem, wenn sie aus Minze, Ingwer oder Hibiskus mit ihrem säuerlichen Aroma zubereitet werden. Und im Winter, wenn Sie eine Tasse Tee genießen, den Sie mit Ihren eigenen Kräutern zubereitet haben, werden Sie wieder für die Arbeit in Ihrem Garten belohnt.

EISTEE AUS DER ›VERGESSENEN ERNTE‹

Ergibt ca. 2 Liter

Das ist der ›Haustee‹, den Sandy Greig auf ihrer Kräuterfarm (siehe Seite 71—73) serviert. Er wird aus Blättern oder der ›vergessenen Ernte‹ des Brombeerstrauchs und nicht aus den Beeren zubereitet. Hibiskus verleiht diesem sauren und erfrischenden Tee, der an einem heißen Sommertag gereicht werden sollte, eine leicht rosarote Farbe.

1 Liter kochendes Wasser
3 EL Brombeerblätter, getrocknet
2 EL Zitronengras, getrocknet
1 EL Hibiskusblüten, getrocknet

Das kochende Wasser über die Kräuter gießen. 20 Minuten lang ziehen lassen. In ein 2 Liter fassendes Gefäß durchsieben. Mit kaltem Wasser auffüllen. Mit Eis und einem Kräuterblatt (oder einer Borretschblüte) als Dekoration servieren.

Die kalifornische Kräuterspezialistin Norma Jean Lathrop mischt für Freunde ein wenig frische Minze mit frischen Zitronenstrauchblättern zu einem belebenden Kräutereistee.

FRUCHTIGER GEWÜRZ-KRÄUTERTEE

- 2 Tassen getrocknete Zitronenstrauchblätter
- 1 Tasse getrocknete Kamille
- 1 Tasse getrocknete Orangenminze
- 1 Tasse getrocknete Orangenschale (siehe Anmerkung)
- 3 EL ganze Nelken, zerdrückt
- 1 15 cm lange Zimtstange, zerdrückt

Alle Zutaten mischen und in einer fest schließenden Dose aufbewahren. Um einen Tee zuzubereiten, die Dose kräftig schütteln und jeweils 1 TL Tee auf 1 Tasse Wasser in die Kanne geben. Kochendes Wasser über den Tee gießen und 5—10 Minuten ziehen lassen.

Anmerkung: Wenn man Orangenschalen trocknen will, das weiße Innere der Schalen auskratzen, nachdem man den Orangensaft ausgepreßt hat. Nur das Äußere der Schale verwenden, in Streifen schneiden und auf ein Gitter zum Trocknen legen. Wenn die Schale brüchig geworden ist, in kleine Stücke zerbrechen und in einem geschlossenen Gefäß aufbewahren.

Nur ungespritzte Orangen verwenden!

Strahlendblaue Borretschblüten, in Eiswürfel eingefroren, sind ein hübscher Effekt für Kräutereistees und andere Sommergetränke.

Ein Kräutertee, aromatisiert mit Früchten und Gewürzen, eine berauschende Mischung aus Zitronenstrauchblättern, Kamille, Orangenminze und Orangenschale, aromatisiert mit Zimt und Nelken, ist wunderbar für einen Nachmittagstee.

Diese Miniaturkränze sind aus einfachen Rosmarin- oder Lavendelzweigen gefertigt oder aus herzförmigen Rahmen, die mit einer farbenprächtigen Kräutermischung überzogen wurden.

AUS DEM »HORTULUS« DES WALAHFRID STRABO

Im Anhang soll noch ein Gedicht vorgestellt werden, das die Anfänge der Kultur der Kräutergärten auf deutschem Boden anschaulich macht: der »Hortulus« des Walahfrid Strabo. Sein Gegenstand ist der Kräutergarten des Klosters Reichenau, dessen Pflanzenbestand und Anlage exemplarisch sind für die Klostergärten des frühen Mittelalters, und dessen rudimentärer Typus uns noch heute in vielen Bauerngärten begegnet.

Es ist kein Zufall, daß es sich um einen Klostergarten handelt, denn jedes Kloster besaß zu dieser Zeit einen Kräuter- oder Apothekergarten, in dem die Mönche Heilkräuter für ihre Apotheke anpflanzten. Sie zogen die Kräuter also aus medizinischen Erwägungen; der Kräutergarten, wie wir ihn heute kennen, in dem die Kräuter vor allem zum Würzen der Speisen angepflanzt werden, hat sich jedoch aus diesen Apothekergärten entwickelt.

Ein bedeutendes und kostbares Dokument ist der Plan der St. Gallener Klosteranlage. Ob es sich dabei um den Entwurf für eine tatsächlich geplante Anlage oder nur um eine theoretische Aufzählung aller Einrichtungen handelt, über die ein Kloster verfügen sollte, ist ungeklärt. Sicher ist jedoch, daß Walahfrids Gedicht eine Anlage beschreibt, die dem nur wenig älteren St. Gallener Plan entspricht.

Walahfrid Strabo, 809 geboren, war schon früh Zögling und Mönch auf der Insel Reichenau. Nach Studien in Fulda bei Hrabanus Maurus wirkte er als Erzieher des jüngsten Sohnes Ludwigs des Frommen am Hof in Aachen. 838 begegnen wir ihm wieder auf der Reichenau, wo er 842 zum Abt gewählt wird. Er starb im Jahre 849. Wir wissen mit Sicherheit, daß er den »Hortulus« auf der Reichenau verfaßte; der Zeitpunkt der Abfassung ist jedoch ungewiß.

Der »Hortulus«, ein in Hexametern abgefaßtes lateinisches Lehrgedicht, ist ein Kranz von 27 einzelnen, unterschiedlich langen Gedichten. Die ersten drei Gedichte sind dem Gartenbau im allgemeinen, der mühevollen Arbeit des Gärtners und der Frucht seiner Arbeit gewidmet. In den folgenden 23 Gedichten beschreibt der Verfasser nacheinander Heilkräuter, Gemüse und Blumen, die in dem Klostergarten der Reichenau angepflanzt waren. Mit dem 27. und abschließenden Gedicht widmet Walahfrid das Werk seinem verehrten Lehrer und Mitbruder Grimaldi.

Dieser Zyklus gilt nicht nur als ein Meisterwerk der frühen mittellateinischen Dichtung, sondern auch als das älteste und eines der bedeutendsten Dokumente der Geschichte des Gartenbaus in Deutschland. Wenn uns heute seine poetische Sprache in der Übersetzung ein wenig altväterisch erscheinen mag, so sieht man doch sofort, daß sein Verfasser keineswegs ein bloßer Theoretiker des Gartenbaus und der Botanik war. Vielmehr haben wir die literarische Verarbeitung eigener Beobachtung und Erfahrung vor uns. Er ging selbst hinaus und bereitete den Boden:

... breche das leblos starrende Erdreich auf
und zerreiße die Schlingen der regellos wuchernden Nesseln,

legte Beete an:

und ich umfasse mit Holz es im Viereck, damit es beharre,
über dem ebenen Boden ein wenig höher gehoben,

brachte Dünger auf und sorgte für die Bewässerung:

... in geräumigen Krügen zu schleppen
Ströme erfrischenden Wassers und tropfenweise zu gießen
aus den eigenen Händen, damit nicht in heftigem Schwalle
allzu reichliche Fluten verschwemmten die keimenden Saaten.

Walahfrid war nicht nur ein liebevoller und fleißiger Gärtner, er war auch ein vorzüglicher Pflanzenkenner und -beobachter, wie seine detaillierten Beschreibungen zeigen. Liest man z. B. das Gedicht über die Raute, spürt man seine Vertrautheit mit der Pflanze, meint man ihn zu sehen, wie er sie liebevoll betrachtet und mit der Hand über die Blätter streicht, damit sich ihr Duft entfaltet.

Die Gedichte des »Hortulus« sind so gegliedert, daß nach einer genauen Beschreibung der Pflanze deren symbolische Bedeutung besprochen und abschließend ihre Heilwirkung dargelegt wird. Es fällt auf, daß der Kreis der im Gedicht vorkommenden Pflanzen auch Blumen und Gemüse umfaßt. Das Vorkommen von Melone und Kürbis zeigt die Verbindung des »Hortulus« zur antiken mittelmeerischen Gartentradition. Rose und Lilie waren zu jener Zeit nicht nur ihrer Schönheit und ihres ebenfalls seit ferner Vergangenheit feststehenden Symbolwertes wegen hoch geschätzt, sie fanden auch als Heilpflanzen Verwendung. Dies nicht zuletzt wegen ihres Duftes, dem in der alten Medizin vielfältige gute Wirkung auf den Körper zugeschrieben wurde, da man die Ursache vieler Krankenheiten in verdorbener Luft erblickte.

Wir geben eine Auswahl aus den 27 Stücken des »Hortulus«. Die Illustrationen reproduzieren Holzschnitte aus Pflanzenbüchern des 16. Jahrhundert. Wer zu Walahfrids Gedicht und zu der frühen Gartengeschichte Deutschlands weiteres lesen möchte, sei auf Hans-Dieter Stoffler, »Der Hortulus des Walahfrid Strabo. Aus dem Kräutergarten des Klosters Reichenau«, Sigmaringen 1978, und auf Dieter Hennebo, »Gärten des Mittelalters«, Hamburg 1962, verwiesen.

Annette Roellenbleck

SALBEI

Leuchtend blühet Salbei ganz vorn am Eingang des Gartens,
Süß von Geruch, voll wirkender Kräfte und heilsam zu trinken.
Manche Gebresten der Menschen zu heilen, erwies sie sich nützlich,
Ewig in grünender Jugend zu stehn, hat sie dadurch verdienet.
Aber sie trägt verderblichen Zwist in sich selbst: denn der Blumen
Nachwuchs, hemmt man ihn nicht, vernichtet grausam den Stammtrieb,
Läßt in gierigem Neid die alten Zweige ersterben.

MUSKATELLERSALBEI (FRAUENMINZE)

Hier unter jungem Grünzeug erhebt sich mit kräftigem Stengel
Schattend Sclarega, nach oben entfaltet sie Zweige und Blätter.
Da sie nur selten zur Hilfe in Krankheit irgend verlangt wird,
Möchte man glauben, sie sei wohl den Händen der Ärzte entgangen.
Gleichwohl vermag sie zu spenden, in süß-warmes Wasser gegeben,
Heilende Kräfte sowohl wie Tränke von duftender Würze.
Dicht bei ihr verbirgt sich ein Wäldchen, und nicht als das letzte,
Frauenminze. Kocht man die Wurzel, mit heilsamer Hilfe
Fördert sie träge Verdauung und regelt glücklich den Stuhlgang.

RAUTE

EBERRAUTE

Diesen schattigen Hain ziert bläulichschimmernder Raute
Grünend Gebüsch. Ihre Blätter sind klein, und so streut sie wie Schirmchen
Kurz ihre Schatten nur hin. Sie sendet das Wehen des Windes
Durch und die Strahlen Apolls bis tief zu den untersten Stengeln.
Rührt man leicht sie nur an, so verbreitet sie starke Gerüche.
Kräftig vermag sie zu wirken, mit vielfacher Heilkraft versehen,
So, wie man sagt, bekämpft sie besonders verborgene Gifte,
Reinigt den Körper von Säften, die ihn verderblich befallen.

Ebenso leicht ist's, den hohen Wuchs deiner Staude zu preisen,
Eberraute bewundernd das Blattwerk, das reich sich entfaltet,
Üppig in Zweige geteilt und feinen Haaren vergleichbar.
Dieser duftende Schopf, zugleich mit den biegsamen Zweigen
Ärztlichen Mitteln vermengt, ergibt eine nützliche Mischung.
Fieber wehret sie ab, scheucht Seitenstechen, bringt Hilfe,
Wenn die tückische Gicht uns mit plötzlichem Anfall belästigt.
Aber noch mehr: Sie hat so viel Kräfte wie haarfeine Blätter.

WERMUT

Dicht daneben der Platz trägt die Stauden des bitteren Wermuts,
Der mit zähem Gezweig der Mutter der Kräuter verwandt ist.
Anders jedoch ist die Farbe des Laubs, der entwickelten Zweige
Duft ist ein anderer, und bittrer bei weitem schmeckt er zu trinken.
Brennenden Durst zu bezwingen und Fieberglut zu vertreiben,
Diese Wirkung durch rühmliche Kraft kennt man lang aus Erfahrung.
Auch wenn plötzlich vielleicht der Kopf dir hämmert in scharfem
Stechendem Schmerz oder quälender Schwindel erschöpfend dich heimsucht,
Wende an ihn dich um Hilfe und koche des laubigen Wermuts
Bitteres Grün; dann gieße den Saft aus geräumigen Becken
Und überspüle damit den höchsten Scheitel des Hauptes.
Hast du mit dieser Brühe die feinen Haare gewaschen,
Lege dir auf, daran denke, zusammengebundene Blätter,
Und eine mollige Binde umschlingt das Haar nach dem Bade.
Ehe noch zahlreiche Stunden im Laufe der Zeiten verrinnen,
Wirst du dies Mittel bewundern nebst all seinen anderen Kräften.

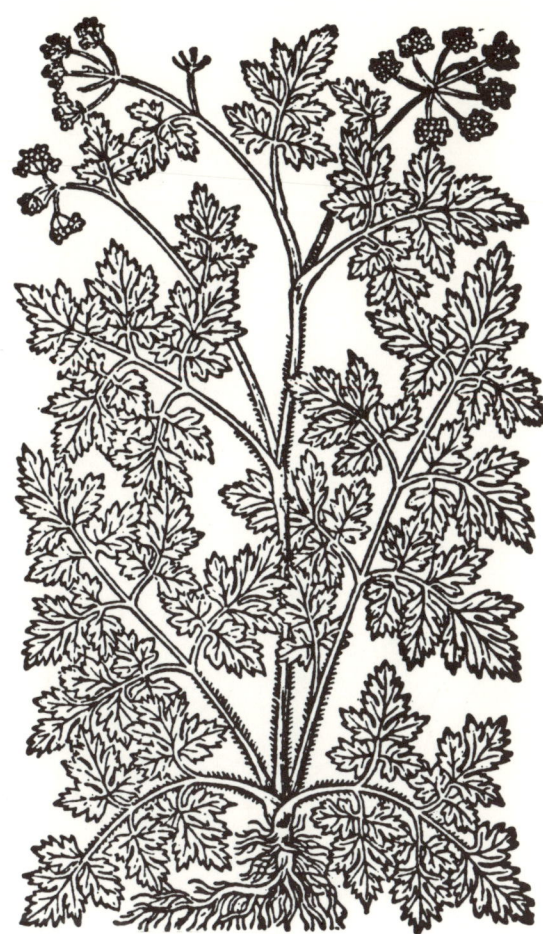

GARTENKERBEL

Die du mit heiligem Mund das hochberühmte Gedächtnis
So vieler Kriege besingst und so viel bedeutender Taten,
Fromme Erato, verschmähe es nicht, den bescheidenen Reichtum
Meiner Gewächse im Garten mit mir im Gedicht zu durchgehen.
Spreitet der Kerbel, dies Kraut Mazedoniens, schwächliche Zweige,
Mag er in zahlreichen Dolden geringen Samen nur liefern, –
Mildert er doch, jahraus, jahrein stets frisch zu bekommen,
Armut bedürftiger Leute mit seinen reichlichen Gaben,
Und es fehlt ihm, als leichtes Mittel zur Hand, auch die Kraft nicht,
Bächlein des Blutes, rieselnd über den Körper, zu stillen.
Auch falls einmal der Leib von lästigen Schmerzen gequält wird,
Legt er ihm Umschläge auf, nicht ohne treffliche Wirkung,
Wenn er Minze sich selbst und Blätter des Mohnes hinzufügt.

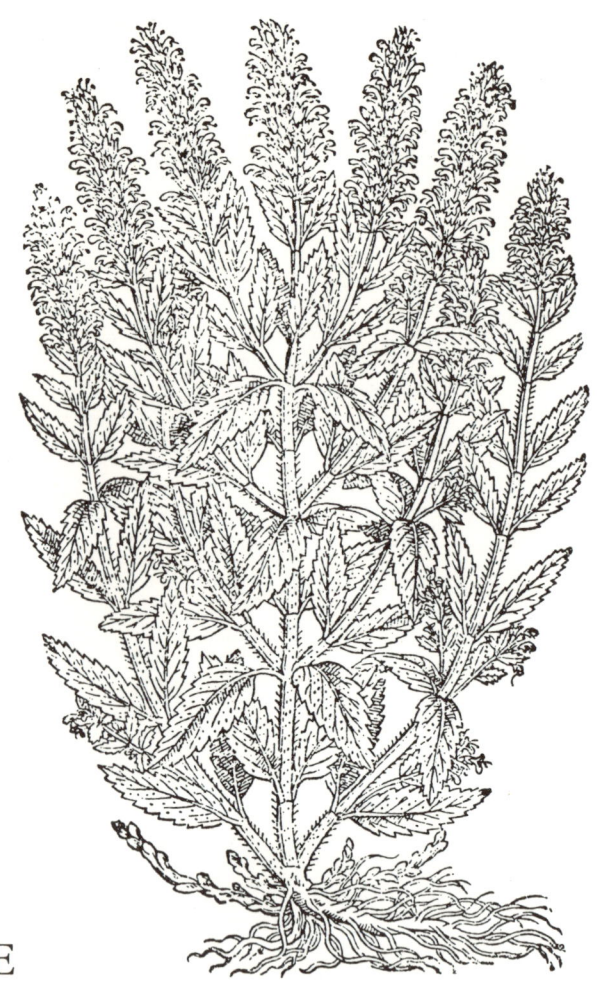

MINZE

POLEIMINZE

Nimmer fehle mir auch ein Vorrat gewöhnlicher Minze,
So verschieden nach Sorten und Arten, nach Farben und Kräften.
Eine nützliche Art soll die rauhe Stimme, so sagt man,
Wieder zu klarem Klang zurückzuführen vermögen,
Wenn ein Kranker, den häufige Heiserkeit quälend belästigt,
Trinkend einnimmt als Tee ihren Saft mit nüchternem Magen.
Noch eine Art dieser Pflanze, von mastigem Wuchs, ist vorhanden,
Die nicht mehr bloß eines kleinen Gewächses Schatten verbreitet,
Sondern nach Art des Attichs mit starkem Stengel emporstrebt,
Spreitet nach allen Seiten die großen Flügel der Blätter.
Anders ist ihr Geruch und ihr Saft etwas herber zu trinken.
Wenn aber einer die Kräfte und Arten und Namen der Minze
Samt und sonders zu nennen vermöchte, so müßte er gleich auch
Wissen, wieviele Fische im Roten Meere wohl schwimmen,
Oder wieviele Funken Vulcanus, der Schmelzgott von Lemnos,
Schickt in die Lüfte empor aus den riesigen Essen des Aetna.

Nicht erlaubt des Gedichtes Kürze, die Tugenden alle
Dieser Minze Polei in eilendem Vers zu erfassen.
Soviel soll bei den kundigen Männern der Inder sie gelten,
Wie bei den Galliern wert ist ein ganzer Vorrat des schwarzen
Indischen Pfeffers. Vermöchte da einer noch länger zu zweifeln,
Daß gar manche Beschwerden gelindert werden durch dieses
Kraut, wenn zu höchstem Preis es begierig erwirbt jenes reichste
Volk, das in Ebenholz schwelgt und in Gold, und welches dem Erdkreis
Köstliches liefert, was er nur will. O wie hoch sind zu preisen
Güte und Weisheit des mächtigen Donn'rers, die keinem der Länder
Herrliche Gaben des Reichtums versagen; denn was unter diesem
Himmel du selten nur siehst, – in anderer Gegend ist dessen
Solche Fülle vorhanden, wie hier von gewöhnlichsten Dingen.
Andererseits, was dir wertlos erscheint und verächtlich, das kaufen
Mächtige Reiche vielleicht bei dir zu beträchtlichen Preisen,
So daß Anteil gewinne *ein* Land am Ertrage des andern

Und durch die Länder der Erde ein einziger Haushalt bestehe.
Glaube mir, Freund, die Minze Polei, gekocht, wird dir heilen,
Sei es als Trank oder Umschlag, den stockenden Gang der Verdauung.
Künden wir hier, was mit ernster Methode wir sicher erkannten,
Mögen nach Recht und Brauch wir einiges, was wir nur hörten,
Fügen in unser Gedicht: Puleiumzweig mit Aurikel
Winde zum Kranze, daß Sonnenhitze nicht Kopfweh bewirke,
Wenn sie in freier Luft zur Sommerszeit dich durchströmet.

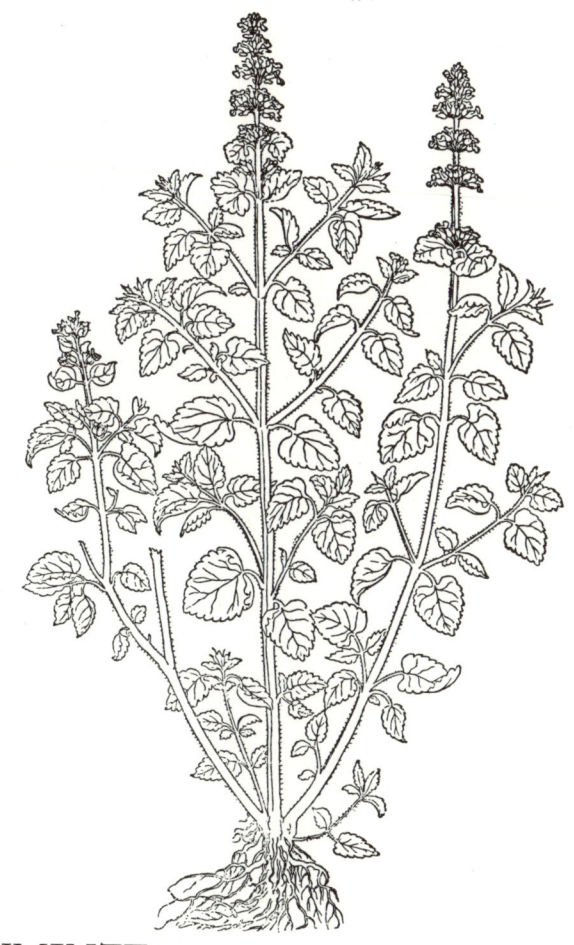

KATZENMINZE

Katzenminze, die wüchsige Staude, gehört zu den Kräutern,
Die unser Gärtchen in stets erneuertem Nachwuchs hervorbringt.
Mit den Blättern gleicht sie der Nessel, und hoch an der Spitze
Spendet weithin die Blüte die angenehmsten Gerüche.
Sie, die längst der Behandlung verschiedener Krankheiten diente,
Wird in der Reihe der Pflanzen gewiß nicht als letzte gewertet.
Denn mit dem Öl der Rose vermischt, gibt ihr Saft eine Salbe,
Die, wie man sagt, vermöge die Schrammen verwundeten Fleisches
Und die entstellenden Spuren der eben verheilenden Narben
Gänzlich zu tilgen, der Haut ihre frühere Schönheit zu geben
Und zu erneuern die Haare, die manchmal ein schwärendes Übel
Frischer Verwundung durch Gift und Eiter gänzlich zerstört hat.

LILIE

Leuchtende Lilien, wie soll im Vers, und wie soll im Liede
Würdig euch preisen die dürftige Kunst meiner nüchternen Muse?
Euer schimmerndes Weiß ist Widerschein schneeigen Glanzes,
Holder Geruch der Blüte gemahnt an die Wälder von Saba.
Nicht übertrifft an Weiße der parische Marmor die Lilie,
Nicht an Düften die Narde. Und wenn die tückische Schlange
Listiger Art gesammeltes Gift aus verderblichem Munde
Spritzt und grausamen Tod durch kaum erkennbare Wunde
Sendet ins innerste Herz, dann zerreibe Lilien im Mörser,
Trinke den Saft, dies erweist sich als nützlich, mit schwerem Falerner.
Oder bei Quetschungen lege man sie auf die bläuliche Stelle,
Alsbald wird man auch hier zu erkennen vermögen die Kräfte,
Die diesem heilenden Stoffe gegeben sind, Wunder bewirkend.
Schließlich ist Liliensaft auch gut bei Verrenkung der Glieder.

ROSE

Wäre ich nicht zu müde, den Weg noch weiter zu wandern,
Schreckte mich nicht der beschwerliche Bau eines neuen Gedichtes,
Müßte die köstlichen Sträucher der Rose ich mit des Pactolus
Gold und der Araber schimmerndem Edelgestein nun umkleiden.
Weil Germanien tyrischen Purpurs entbehrt und das weite
Gallien nicht der leuchtenden Purpurschnecke sich rühmet,
Schenkt zum Ersatz die Rose alljährlich üppig goldgelben
Flor ihrer purpurnen Blüte, die allen Schmuck der Gewächse
Alsbald an Kraft und Duft, wie man sagt, so weit überstrahlte,
Daß man mit Recht als die Blume der Blumen sie hält und erkläret.
Sie erzeugt ein Öl, das nach ihrem Namen genannt wird,
Wie oft dieses zum Segen der Sterblichen nützlich sich zeigt, –
Keiner der Menschen vermag es zu wissen oder zu sagen.
Ihr zur Seite, bekannt und geehrt, stehn der Lilie Blüten,
Deren wehender Duft noch weiter die Lüfte durchtränket.
Wenn aber einer zerquetscht das glänzende Fleisch ihrer weißen

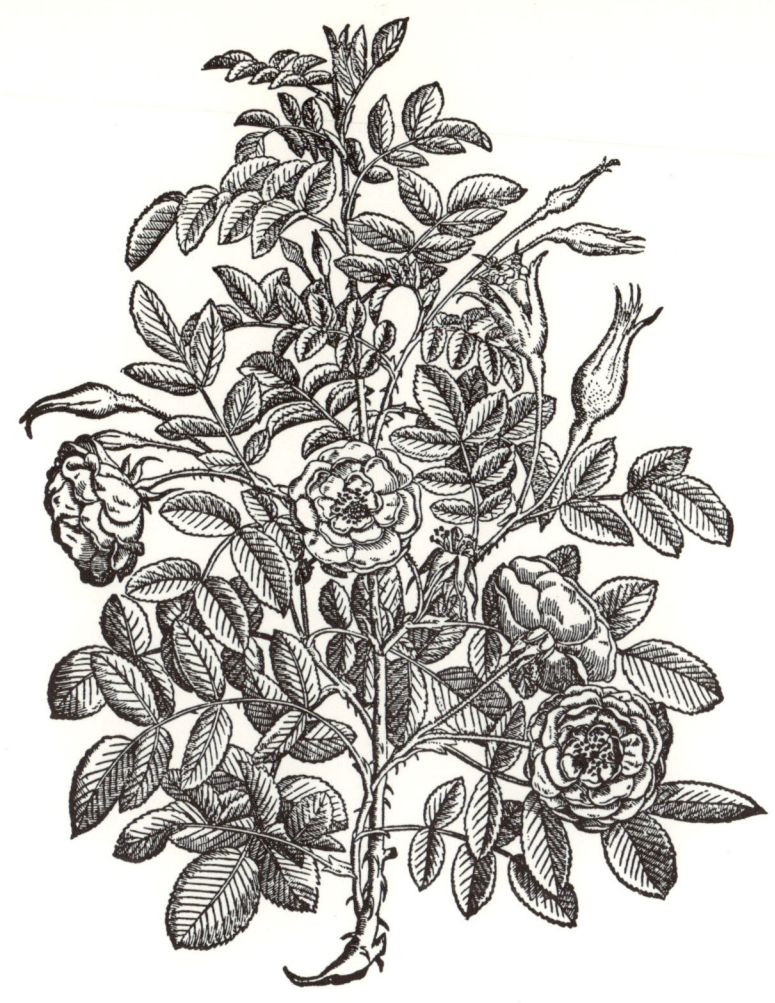

Frucht, so wird er verwundert bemerken, daß wie verflogen
Alsbald entschwindet jeder Gedanke an lieblichen Nektar.
Reinheit der Jungfrau, selig gepriesen, strahlt aus der Blume;
Dann nur leuchtet sie duftend, wenn Not der Sünde ihr fernbleibt,
Wenn unheiliger Liebe Begier ihre Blüte nicht knicket.
Gehet jedoch ihrer Unberührtheit Kleinod verloren,
Werden in üblen Gestank sich die holden Düfte verwandeln.
Denn diese beiden Blumen, berühmt und gepriesen, sind Sinnbild
Seit Jahrhunderten schon der höchsten Ehren der Kirche,
Die im Blut des Martyriums pflückt die Geschenke der Rose
Und die Lilien trägt im Glanze des strahlenden Glaubens.
Jungfrau Maria, Mutter; die du den Sohn hast geboren,
Jungfrau, im Glauben ohn' Makel, du Braut nach des Bräutigams Namen,
Braut und Taube, des Hauses Herrin, verläßliche Freundin,
Pflücke Rosen im Streite und brich froh Lilien im Frieden.
Aus dem Königsstamm Jesse ist dir die Blüte entsprossen,

Retter und Bürge allein des erneuerten alten Geschlechtes.
Er hat die lieblichen Lilien geweiht durch sein Wort und sein Leben,
Färbend im Tode die Rosen, hat Frieden und Kampf seinen Jüngern
Auf dieser Erde gelassen, die Tugenden beider verbindend,
Beiden Siegen verheißend die Krone des ewigen Lohnes.

Die Wiedergabe der Gedichte erfolgt mit freundlicher Genehmigung des Jan Thorbecke Verlags Sigmaringen aus seinem 1986 in 2. Auflage erschienenen Werk von Hans-Dieter Stoffler »Der Hortulus des Walahfrid Strabo. Aus dem Kräutergarten des Klosters Reichenau«.

242

REGISTER

Die Rezepte sind kursiv gesetzt, Hauptverweise halbfett.